Ernst Willkomm

Gesellen des Satan

3. Band

Ernst Willkomm

Gesellen des Satan
3. Band

ISBN/EAN: 9783744681933

Hergestellt in Europa, USA, Kanada, Australien, Japan

Cover: Foto ©ninafisch / pixelio.de

Weitere Bücher finden Sie auf **www.hansebooks.com**

Die Saat des Bösen.

Roman

von

Ernst Willkomm.

Zweite Ausgabe.

Dritter Band.

Jena,
Hermann Costenoble.
1869.

Inhaltsverzeichniß.

Fünftes Buch.

Seite

1. Neue Bekanntschaften 9
2. Rauerz erzählt 31
3. In der Markuskirche 49
4. Tobias Helfer auf Schloß Rothstein . . 65
5. Ein Fund Andrea's 91
6. Hangen und Bangen 108
7. Im Dogenpalast 127

Sechstes Buch.

1. Briefe 145
2. Ein unerwarteter Besuch 166
3. Der Fund Andrea's noch einmal 180
4. Der Schäfer und Barbara 192
5. Bei Kanonikus Moosdörfer und im Weinhause . 202
6. Brühs vor Josephine 225
7. Der Schäfer bei Graf Rothstein 233
8. Eine Nacht auf Schloß Rothstein 244

Fünftes Buch.

1.
Neue Bekanntschaften.

Auf dem Markusplatze in Venedig war reges Leben. Unter den Säulengängen der alten und neuen Procuratien, sowie auf der schattigen Seite des in seiner Art einzigen großen Platzes bewegte sich eine bunte Menge fröhlicher und lebhaft sprechender Spaziergänger. Es war um die Zeit nach gehaltener Siesta, wo die Südländer neu gestärkt das Freie suchen und großentheils mehr in geschäftigem Müssiggange, als in geregelter Thätigkeit den Rest des Tages zu verleben pflegen.

An Art und Wesen konnte das Auge eines aufmerksamen Beobachters den eingeborenen Sohn Venedigs leicht von dem Nichtvenetianer unterscheiden. Am leichtesten zu erkennen an ihrer stolzen Haltung waren die verarmten Nobili, die ein wenig beneidetes Leben auf den glänzenden Trümmern und in den Marmorgemächern ihrer Paläste führen, sich aber trotzdem für ungleich edler halten, wie alle anderen Menschen. Venedig ist und bleibt nun einmal den Sprößlingen der alten historisch berühmten Geschlechter der einst so mächtigen Republik auch in der beredten Pracht seiner Verfallenheit immerdar der Mittelpunkt der Welt, und die Stadt, in welcher allein sich mit Anstand leben läßt.

Wie uns der fesselnde Wunderbau der Kirche des heiligen Markus mit ihren seltsamen fünf Kuppeln und der geheimnißreiche Dogenpalast in seiner ernsten ergreifenden Majestät an den fernen Orient gemahnt, dessen phantastischer Architektur die venetianischen Meister diese von märchenhaftem Reiz umsponnenen Bauformen, in denen jeder Stein spricht, entlehnten, so sind es die bunten und malerischen Trachten der Völkerstämme, welche die bergigen Küstenländer des adriatischen Meeres bewohnen, die Venedig dem Fremden und insbesondere dem Nordländer so außerordentlich anziehend machen. Nicht blos vor den zahlreichen Kaffeehäusern unter den Procuratien begegnen wir dem schweigsamen

Türken alten Styls mit turbanbedecktem Haupte und wallendem Bart, würdevoll ernst den Tschibuk rauchend, oder hören das lebhafte Gespräch des stets in Handelsgeschäfte vertieften Griechen, der seine faltige Fustanella wo möglich noch mit größerem Stolze bewundert, als der rechtgläubige Mohammedaner seinen tadellosen Bart; ein farbiges Gemisch malerischer Trachten wandelt auch an dem unvergleichlich schönen Ufer der Slavonier auf und nieder, das einen Auge und Herz erquickenden, wunderbar herrlichen Ausblick auf die purpurviolette Fluth der Adria, die in sonniger Atmosphäre flimmernden Inseln mit ihren Palästen und Kirchen, und endlich auf den fernen Wogenbrecher der Murazzi und des Lido gewährt. Hier ist, wie Faust sagt, „des Volkes wahrer Himmel." Die Cimbel klingt, das Tamburin klirrt und rasselt, und beschuhte und unbeschuhte Tänzer schwingen sich dazu im Tact... Bettler, durch ganz Italien ein Gewerbe, das jeder zum Müssiggange Geneigte aus Liebhaberei ergreift und mit einer gewissen genialen Liebenswürdigkeit betreibt, da es ihm reiche Tagesernten sichert, halten mit ihren bittenden Klagen und Jammern die Lustwandelnden auf... Dort hart am Rande der surrenden Meereswoge preisen die

Pistazien- und Kürbiskernhändler ihre Waare, eine Lieblingsspeise für das naschhafte Volk der niedrigen Klasse Venedigs, unter lebhaften Gesticulationen an, während mitten auf der Riva ein dicht gedrängter Kreis bald still lauschender, bald in schallendes Gelächter ausbrechender Zuhörer um einen öffentlichen Erzähler sich bildet, der an den Fingern beider Hände große Ringe mit noch größeren unächten, im Sonnenstrahl blitzenden Steinen trägt und mit wunderlichen Capriolen und oft wechselnder Stimme gewandt und ohne jemals zu stocken oder aus dem Texte zu kommen, seinen Zuhörern irgend ein Abenteuer oder einen lustigen Schwank erzählt, um am Schlusse mit abgezogener Kappe seinen Tribut einzusammeln.

Unter dem Dogenpalast und fast im Angesicht der berüchtigten Seufzerbrücke, grauenvollen Andenkens, hatten nahe neben einander ein Zahnarzt seine feste Bude und ein reisender Charlatan seine bewegliche Apotheke aufgeschlagen. Jener bediente sich, um Leidende anzulocken und bessere Geschäfte zu machen, eines wirklichen Polichinels und zweier Trompeter, denn in Italien muß auch das Ernsteste scherzhaft und mit lustigem Humor betrieben werden, soll das leicht-

jetzige, sinnlich muntere Volk Gefallen daran fin=
den. Beide Theile, der ausrufende, Scherze ma=
chende Polichinel und die beiden Trompeter tha=
ten redlich ihre Pflicht, und die Bude des Zahn=
brechers, der sich persönlich der gaffenden Menge
nicht zeigte, hatte starken Zulauf. So oft aber
ein Hilfsbedürftiger hinter der mit Riesenzähnen
garnirten Draperie verschwand, welche das Innere
der Bude den Blicken jedes Neugierigen entzog,
begannen die Trompeter einen Marsch zu schmet=
tern, daß Niemand sein eigenes Wort verstehen
konnte, und der überlustige Polichinel schnitt zum
Ergötzen des Volks die fürchterlichsten Gesichter.

Der Charlatan war eine stille Natur, die ihrer
Würde eben so wenig vergab, wie der hohen Kunst,
die er mit Vorsicht übte. Ein etwas auffällig
gekleideter Diener machte sich bald mit den Pfer=
den zu thun, welche das Haus des reisenden
Wunderdoctors, einen seltsam construirten Wa=
gen, zogen, der ein ganzes Laboratorium und
zahlreiche Büchsen enthielt, bald deutete er durch
bedeutungsvolle Mienen den Vorübergehenden,
von denen Einzelne wohl auch stehen blieben und
sich zu einer Frage entschlossen, an, daß sein
Herr der Weiseste aller Weisen sei und für jedes
Leiden ein unfehlbares Mittel besitze. Momentan

ward sogar der gelehrte Herr in eigener würdiger Person sichtbar. Das blasse schmale Gesicht, die großen ernsten Augen, die hohe Denkerstirn, mit einem Barct bedeckt, das ein großer röthlich glühender Stein geheimnißvoll schmückt, lassen nicht verkennen, daß hier die alt berühmte Stadt der Dogen ein Mann der Wissenschaft mit seiner Gegenwart beehrt, wie ihn die Welt nur in seltenen Ausnahmefällen zu sehen bekommt. Bald schaaren sich Einzelne um den aromatische Düfte aushauchenden Wagen des Wunderdoctors, der eben aus Damaskus eingetroffen ist und bei einem Besuche der ägyptischen Pyramiden das untrügliche Elixir, das Leben zu verlängern und den alternden Menschen wieder jung zu machen, entdeckt hat. Für die kräftige Wirkung dieses wunderbaren Medicamentes spricht am lautesten das Aussehen des stillen vornehmen Arztes selbst, der für einen schönen jungen Mann gelten kann und nach den heiligsten Versicherungen des bescheiden zurückhaltenden Dieners doch schon das siebenzigste Jahr überschritten hat, welches der fromme Dulder Hiob in der Regel als das gewöhnliche Ende eines Menschenlebens bezeichnet.

Die Schaar der Neugierigen hat sich mittlerweile dergestalt vermehrt, daß der noch immer anwachsende Haufe die Passage sperrt. Bald entsteht ein wühlendes Gedränge, dem die Hintersten durch schleunige Entfernung zu entrinnen suchen. Den in der Mitte Eingekeilten bleibt nichts übrig, als ruhig auszuharren, oder von ihren Körperkräften einen für Andere unangenehmen Gebrauch zu machen, wozu heftige und leicht reizbare Gemüther sich ohne Bedenken entschließen. Nun regnet es Faustschläge und Stöße von allen Seiten, Mädchen und Frauen kreischen laut auf, die unnütze Masse der Gaffer, denen jeder Skandal Vergnügen macht, stimmt durch noch lauteres Jubeln in den zeternden Lärm ein, und während Gensdarmen herbeieilen, um die empörte Menge zu besänftigen, nöthigt der galante Charlatan die halb gläubig, halb sehnsüchtig zu ihm aufblickenden Frauen aus dem Volke, sein Laboratorium zu betreten, damit sie sich mit eigenen Augen von all' den Herrlichkeiten überzeugen mögen, die darin enthalten sind.

Eben als die Menge sich wieder zu zerstreuen begann, und nur eine geringe Anzahl Schauender noch in der Nähe des Doctorwagens versammelt blieb, näherte sich dem Landungsplatze an der Piazzetta mit raschem Ruderschlage eine jener schlanken schwarzen Gondeln, die gleich riesigen Särgen geräuschlos auf allen Kanälen der Lagunenstadt schwimmen und von ihren gewandten Führern mit wunderbarer Geschicklichkeit und Präcision selbst durch die schmalsten Passagen pfeilschnell gesteuert werden.

Um dem höhnischen Lachen übermüthiger Spötter zu entgehen, die ein hageres, bejahrtes Weib umringten und gegen den Wagentritt des Charlatan drängten, erklomm die am Weitergehen Verhinderte diesen. Der Diener hob die mit blitzenden Goldfransen verzierte Draperie und nöthigte die Frau, die Hilfe seines gelehrten Herrn in Anspruch zu nehmen.

Das gezackte scharfe Eisen am Vordertheil der Gondel berührte schrillend die Quaimauer; noch ein Ruderschlag des kräftigen Führers, und die Gondel lag still an den Stufen der breiten zur Piazzetta führenden Treppe.

„Eccolo quà!" sagte der Gondolier und bot einer Dame, welche gebückt aus der niedrigen, im Innern aber mit den bequemsten Polstersitzen versehenen Kajüte trat, die Hand, um sie sicher an's Land zu geleiten. In diesem Moment kreischte die gezwungen aufgehaltene Frau am Wagen des Charlatans laut auf und rief mit drohend erhobener Faust:

„Hast Du keinen Balsam, der Seelen verjüngt und durchlöcherte Herzen wieder ausbessern kann, so bleibst Du ewig ein Pfuscher!... Fluch Dir und Deinen Arzneien!..."

Das erbitterte Weib sprach deutsch, ward also von ihren Drängern nicht verstanden. Um so begieriger faßte die junge Dame, welche der Gondel entstieg, die ihr auffallenden Worte auf und wendete ihren Blick dem Wagen des Charlatans zu.

„Die Aermste!" sprach sie, einer theilnehmenden Regung ihres Herzens augenblicklich nachgebend und ihren beiden Begleitern, die jetzt ebenfalls der Gondel entstiegen, die verhöhnte Frau zeigend, welche sich eiligst der Piazzetta näherte. „Es wäre eine Schmach für uns, ließen wir eine hilflose Landsmännin von diesen übermüthigen Buben, die sich Gott weiß was auf ihre venetianische Abkunft einbilden, länger verhöhnen!... Weil die Unwissenden die Sprache der Unglücklichen nicht verstehen, oder vielleicht auch, weil sie in der wehrlosen Deutschen die ganze Nation aushöhnen wollen, beleidigen sie dieselbe in unwürdigster Weise... Nehmen wir uns der Verlassenen an!..."

Comtesse von Allgramm wartete die Antwort

ihrer beiden männlichen Begleiter nicht ab, sondern schritt der, wie es schien, äußerst erbitterten Alten, welche wohl den Eindruck einer Darbenden, nicht aber einer zudringlichen Bettlerin machte, stracks entgegen und zwang sie durch ihre Anrede, stehen zu bleiben.

„Gehe den rohen Gesellen aus dem Wege, Mütterchen," sprach Maximiliane, „und nimm dies!"

Sie drückte der Alten ein Goldstück in die Hand, die ihre eben erst noch von Leidenschaft verzerrten Züge zu einem grinsenden Lächeln verzog, sich vor der hohen schönen Dame tief verbeugte und mit devotester Stimme sagte:

„Küss' die Hand, Ew. Gnaden!.. Geschenke, die man nicht erbettelt oder durch Drohungen erpreßt, kann man annehmen, und wäre man auch so schlecht, daß Einem jeder gut geartete Hund aus dem Wege läuft."

„Wer bist Du und wo ist Deine Heimath?" fragte Horatio, dem es nicht recht war, daß seine Cousine sich auf offener Straße mit einer unbekannten Landläuferin in ein Gespräch einließ, die möglicherweise ein übel berüchtigtes Leben geführt haben konnte. Dem Dialekte nach mußte sie aus einer der deutschen Provinzen Oesterreichs stammen.

Eine Verbeugung vor Horatio war die einzige Antwort, mit welcher das hagere Weib den sie finster anblickenden Baron beehrte. Ihr Auge der jungen Comtesse wieder zukehrend, deren ungewöhnliche Schönheit tiefen Eindruck auf sie zu machen schien, fuhr sie fort:

„Zur Frühmesse fehle ich nie in der Kirche des heiligen Markus!... Neun Tage noch habe ich neunmal den Rosenkranz zu beten ohne Seufzen oder einen schlechten Gedanken zu fassen, dann will der Heilige mir alle Vergehen vergeben... Sind Sie fromm, schöne Prinzessin, so bitten Sie mit für den patzigen Herrn da, der in seinem Leben noch häufig im Schatten wandeln wird!"

Sie verbeugte sich zum dritten Male und schritt dann zwischen den beiden Säulen hindurch, wo der Doge Marino Faliero enthauptet ward, um in dem Gewühl des mit Tausenden lustwandelnder Menschen erfüllten Markusplatzes zu verschwinden.

„Hat meine liebenswürdige, stets abenteuerlustige Cousine vielleicht Lust, morgen die Frühmesse in der Kirche des heiligen Markus zu besuchen, um sich von einer verlaufenen Halbzigeunerin an heiliger Stätte wahrsagen zu lassen?" sagte Horatio lächelnd, indem er Maximiliane den Arm reichte. „Es könnte das Stoff zu neuen pikanten Gesprächen und zu allerhand Hypothesen geben, in deren Aufstellung Du ja Meisterin bist."

„Deine Wünsche, lieber Horatio, sind mir Befehl," entgegnete die Comtesse, ihren Cousin herausfordernd keck anblickend. „Ich werde deshalb morgen zur rechten Zeit auf dem unebenen Mosaikboden der Markuskirche, wo der prickelnde Moderduft selbst die betende Andacht an das Vergängliche alles Irdischen erinnert, mein Frühgebet sprechen und es Dir Dank wissen, guter Horatio, wenn Du mich als gehorsamer cavaliere servente begleiten willst... Warum sind Sie so still geworden, Herr Rauerz, und blicken so finster hinaus auf die schimmernde Lagune, als wären Sie der Gebieter dieser Wunderstadt und sähen voll Bangen der Meldung entgegen, daß der Admiral der Republik eine Seeschlacht gegen die Ungläubigen verloren habe?.. Entlockt Ihnen der ponte de' sospiri Seufzer, oder hat das unstäte Auge der Frau Sie verschüchtert, für die ich mich interessire, weil sie als Deutsche den Muth besitzt, unter einem Volke, das alles Deutsche entschieden haßt, ihre Nationalität nicht zu verläugnen?"

Diese Worte galten dem zweiten Begleiter der Comtesse, der in der That schweigend und wenigstens nicht mit freundlichen Blicken der vom Volke gefoppten Frau folgte.

Georg Rauerz legte sich sogleich Zwang an und zeigte Maximiliane wieder ein freundliches Gesicht.

„Wenn ich an die Vergangenheit erinnert werde, gnädige Comtesse," erwiderte er, „verdüstern sich gewöhnlich, und zwar ganz unwillkürlich, meine Züge. Nicht alle Sterblichen verleben eine glückliche Jugend."

„Ah bah!"- entgegnete Maximiliane von Allgramm. „Was kümmert Sie die Vergangenheit, wenn Sie die Gegenwart freundlich anlächelt? Wandeln Sie nicht augenblicklich im wärmsten Sonnenschein des Glücks?.. Können Sie an die alte Hexe denken, wenn Sie mich ansehen?"

„Das würde allerdings ein Verbrechen sein, das nahezu einer Todsünde gleich käme," versetzte Rauerz. „Ich weiß die Gunst, die Sie mir zu Theil werden lassen, vollkommen zu würdigen, Comtesse, und werde die Stunden, welche ich in Ihrer Nähe zubringen darf, stets zu den glücklichsten meines viel bewegten Lebens rechnen; dennoch aber kann ich über dem gegenwärtigen Glück doch nicht ganz alles überstandene Traurige vergessen, das mir im Leben schon zustieß."

Maximiliane überflog mit einem einzigen großen Blick die ganze Gestalt Georg's und sagte, ungläubig lächelnd:

„Ihr Aussehen straft Sie Lügen, Herr Rauerz! Ich würde Sie eher für einen Glückspilz halten, als für ein vom Schicksal verfolgtes armes Menschenkind!... Oder mußten Sie auch schon Spott und Hohn Uebermüthiger ertragen, ohne für solche Beleidigung Revanche nehmen zu können?"

Sie hatten den Markusplatz überschritten und traten unter die Schwibbögen der alten Procuration, um eins der größeren Kaffeehäuser sich zum Ruhepunkte zu wählen und hier den Eintritt des Abenddunkels abzuwarten.

„Wenn Sie, gnädige Comtesse, die Menschen nach ihren Gesichtsmasken abschätzen, werden Sie selten so glücklich sein, ihr eigenstes Wesen, ihre Natur zu erkennen," sagte Rauerz.

„Das heißt uns Alle zu nichtswürdigen Heuch-

lern machen," entgegnete Maximiliane mit großer
Heiterkeit. "Nun meinetwegen, Rauerz! Sie
gefallen mir viel besser, wenn Sie ungalant wahr
sind, als wenn Sie mir bei jeder Antwort vor=
werfen, daß ich eigentlich etwas gegen den Strich
der Herkömmlichkeit Laufendes thue, weil ich Sie
wie meines Gleichen behandele."

Rauerz verbeugte sich vor der Comtesse, nahm
seinen Hut ab und bot ihr vor dem Kaffeehause,
das ihr Ziel war, einen Stuhl.

"Es freut mich, daß ich Ihnen nicht mißfalle,
gnädige Comtesse," erwiderte er.

"Das wird sehr bald geschehen," entgegnete
Maximiliane, "wenn Sie consequent eigensinnig
bleiben! Mit dem Mißfallen erlischt auch die
Gnade, und da ich nachtragen kann, fürcht' ich,
für immer. Das würde, dünkt mich, uns Beide
schädigen, und darum halte ich es für zweckmäßi=
ger, wir streichen das Epitheton vor meiner Rang=
bezeichnung, mit der Sie in Ihrer Anrede so
freigebig sind."

"Wie Sie befehlen, Comtesse," sagte Rauerz.

"Wohlan," fuhr Maximiliane fort, "so befehle
ich, daß Sie mich fortan bei meinem Taufnamen
nennen!"

"Comtesse Maximiliane zum Beispiel?"

Horatio's übermüthige Cousine lächelte ungemein schalkhaft, indem sie erwiderte:

"Nun gut, weil es nicht übel klingt, bin ich's zufrieden!.. Du hast doch nichts dagegen zu erinnern, Vetter Horatio?.. Die Fesseln langweiliger Etikette drücken uns ja unter diesem Himmel der Seligen nicht."

"Wer so glücklich ist, mit Dir verkehren, mit Dir plaudern und mit Dir alle Herrlichkeiten dieser Welt genießen zu dürfen, wird früher klug, als andere Menschen. Darum hab' ich gegen eine neue Sitte, die Du aufzubringen gelaunt sein magst, nie etwas zu erinnern, liebe Cousine. Nur darfst Du mich selbst dabei nicht auf die Schattenseite Deiner Gunst verweisen..."

"Da ist die Alte wieder!" rief Maximiliane, auf das bunte Gewühl des geräuschvollen Markusplatzes blickend. "Sollte das Weib wohl eine Zigeunerin sein?"

"Was kümmert's uns!" fiel Horatio ein. "Ich meinestheils zähle sie dem großen Trosse derer bei, die Alles treiben, wenn es ihnen Vortheil bringt. Das Weib bettelt, ich wette, wenn der Moment, von Fremden Gaben zu heischen, ihr günstig zu sein dünkt, und sie wird sich un=

aufgefordert als Wahrsagerin aufbringen, wenn sie einem schwärmerischen Paare begegnet!"

„Ließen Sie sich schon einmal wahrsagen, Georg?" wandte sich die Comtesse zu Rauerz, dessen Blicke träumerisch auf dem Menschengewühl des weiten, in ein wunderbar violet=rosiges Licht getauchten Platzes ruhten.

„Nein, Comtesse Maximiliane," erwiderte Rauerz. „Ich würde mich auch schwerlich dazu bewegen lassen."

„Warum nicht?"

„Weil man die finsteren Mächte des Schicksals nicht aus Uebermuth necken und herausfordern soll."

„Wie schauerlich romantisch!" sprach Maximiliane. „Die finsteren Mächte des Schicksals!.. Warum müssen sie gerade finster sein? Könnte man ihnen nicht eine anziehendere, eine lichte, etwa eine so violet=rosige Farbe aufbringen, wie sie eben jetzt um die Pyramide des herrlichen Markusthurmes fluthet?.. Und wie kann ich über= haupt das Schicksal necken oder herausfordern, wenn ich an das, was solch ein wanderndes Orakel sagt, das für Geld Wunder thut, nicht glaube?.. Was meinst Du dazu, Vetter Ho= ratio?"

„Es kommt Alles darauf an, liebe Cousine, ob man ein Schicksal hat," entgegnete Horatio. „Wir Beide dürften Deiner Protegirten getrost unsere Hände hinhalten, es wäre nicht die geringste Gefahr dabei, denn wir haben kein Schicksal gehabt und werden auch vielleicht keins haben. Der Weg, den wir im Leben wandeln oder wenigstens einschlagen müssen, ist uns vorgezeichnet. Wäre das aber auch nicht der Fall, so gingen wir ihn doch, weil er gar zu bequem und angenehm ist."

„Und unser Freund?" warf Maximiliane ein. „Ist er aus anderem Thon geformt als wir?"

„Wenigstens unter anderen Verhältnissen geboren," versetzte Horatio. „Frage ihn nur selbst!"

Die Comtesse richtete ihr sprechendes Auge fest auf Rauerz, welcher diesen Blick zu ertragen doch nicht genug Kraft besaß. Er senkte das Auge und gerieth wirklich in Verlegenheit.

„So straft man alle Geheimthuerei," sagte Maximiliane, das kühlende Getränk vor ihr graziös aus silbernem Löffel probirend. „Sie werden auf der Stelle beweisen, daß Sie Freunden Vertrauen schenken, wenn sie auch nicht zu Ihren geschäftlichen Kunden gehören, oder ich zwinge Sie, morgen meiner Schützlingin, die wir uns doch in der Markuskirche als Beterin betrachten wollen, Ihre Hand zu zeigen!"

"Ich weiß in der That nicht, wie ich das anfangen soll, um Sie milder gegen mich zu stimmen, Comtesse?"

"Sie haben eben meinen Taufnamen zu nennen vergessen," fiel Marimiliane ein, "oder ist er Ihnen blos vor Verlegenheit in der Kehle stecken geblieben? Gleichviel, zur Strafe, daß Sie so einsilbig wurden, während ich vor Glück und Seligkeit himmelhoch jauchzen möchte, sollen Sie erzählen!..."

"Recht so, Cousine, der schweigsame Herr, welcher die halbe Welt kennt, soll erzählen!" bekräftigte Horatio.

"Aber was, Herr Baron?" fiel Rauerz ein. "Interessante Erzählungen lassen sich, besonders wenn man Zuhörer mit so kritisch gespitzten Lippen vor sich hat, auch im Lande der Hesperiden nicht von den Bäumen schütteln."

"Das wird auch nicht verlangt, widerhaariger junger Herr, der sich durch Sträuben nur interessanter machen will," sprach Marimiliane. "Die Bäume in den hesperischen Gärten wollen wir

Fremdlinge aus Respect vor Anderer Eigenthum nicht plündern. Legen Sie gefälligst die Hand an den Baum der Erinnerung, interessanter Herr mit dem nach Innen gekehrten Blicke, und ich wette, ein Schauer pikanter Geschichten überschüttet uns, wenn Sie entschlossen einige Male kräftig daran rütteln!"

„Meine kluge Cousine hat abermals den Nagel auf den Kopf getroffen," fiel Horatio ein. „Nichts hört sich angenehmer an als eine Geschichte aus dem Leben, gut vorgetragen und so ausgeschmückt, daß die kritische Lippe bewegungslos geschlossen bleibt. Sie sollen auf Cavaliersparole nicht in Strafe genommen werden, wenn Sie uns auch Wahrheit und Dichtung in gefälliger Form zum Besten geben!"

Rauerz senkte den Blick zu Boden und kritzelte mit seinem Spazierstocke abenteuerliche Figuren in den Staub, welcher die Marmorfliesen bedeckte. Sein Antlitz, von edlem Schnitt, nahm einen fast drohenden, feindseligen Ausdruck an und weckte sowohl in Horatio wie in Maximiliane Erinnerungen, die Beide in diesem Augenblicke nicht auf ihre Quelle zurück zuführen wußten. Bald aber glätteten sich die Züge des eleganten, Horatio nur um wenige Jahre an Alter überlegenen Mannes wieder; er rief dem Aufwärter einige Worte zu, rückte seinen Sessel näher an den Stuhl der Comtesse und flüsterte ihr leise die Worte in's Ohr:

„Wenn ich Sie mit meinen Erzählungen langweilen sollte, Comtesse Maximiliane, dürfen Sie nur winken, und ich werde sofort die Pandorabüchse schließen, die zu öffnen Sie mich veranlassen; wenn ich Sie aber erschrecke, was auch möglich sein kann, müssen Sie sich anheischig machen, ruhig zu bleiben und mich nicht zu unterbrechen!.. Parole d'honneur?.."

Maximiliane streifte langsam ihren Handschuh ab.

„Ist das Gesetz im Staate von Venedig?" fragte sie mit reizendem Lächeln.

„Es ist Gesetz bei mir, Comtesse," entgegnete Rauerz; „denn wenn ich in's Erzählen komme, citire ich immer auch Geister, und diese auf Verlangen sofort wieder zu bannen, will mir gewöhnlich nicht gelingen."

Maximiliane von Allgramm reichte vertraulich ihre schneeweiße Hand dem jungen Manne, in dessen Gesellschaft Horatio mit seiner Cousine schon seit einigen Wochen Natur und Kunst der wunderbaren Dogenstadt genossen, und sprach mit einem Blick, welcher das Herz Georg's erwärmend wie der Kuß eines Sonnenstrahls streifte:

„Parole d'honneur, Monsieur, ma comminciate!"

2.
Rauerz erzählt.

„Ihrem Wunsche entsprechend will ich Ihnen eine Episode aus meinem Jugendleben erzählen," begann Georg Rauerz. „Es ist dieser Lebensabschnitt jedenfalls das Interessanteste von Allem, was mir begegnete, und zwar deshalb, weil Vieles darin mir bis auf die gegenwärtige Stunde noch in undurchdringlich tiefe Finsterniß gehüllt erscheint. Ein Mensch, der seine Aeltern nicht kennt, ja der nicht einmal eine Ahnung davon hat, wer sie sein können, wo sie leben oder gelebt haben, ist gewiß kein glücklicher zu nennen. In dieser traurigen Lage nun befinde ich mich..."

„Sie erlauben, daß ich Sie durch eine Frage unterbreche," warf Comtesse von Allgramm ein.

"Ich möchte mich nicht gern irre führen lassen; darum wünschte ich zu erfahren, ob Sie die Dichtung gleich an die Spitze Ihrer Erzählung von sich selbst und Ihrer Schicksale setzen, oder ob Sie der Wahrheit den Vortritt lassen?... Ein Mensch ohne Aeltern ist immerhin eine fragwürdige Gestalt, und wenn er sich so herausgemacht hat wie Sie, lieber Rauerz, so darf man ihm mit Fug und Recht einige Theilnahme schenken."

"Wo unser Wissen zu Ende geht, da müssen wir kurzsichtigen armen Erdensöhne uns mit dem Glauben behelfen, Comtesse Marimiliane," fuhr Rauerz fort, dem Einwurfe der schönen Dame begegnend. "Ich habe geglaubt, was Fremde mir als Kind schon mittheilten, und ich hatte keine Veranlassung, diese Mittheilungen für leere Erfindungen zu halten."

"Ignoriren Sie nur die kritischen Bemerkungen meiner streitlustigen Cousine," sprach Horatio. "Es prickelt sie in Herz und Seele, wenn sie gelassen, ohne Lob oder Tadel zu äußern, einem Dritten zuhören und seinen Worten Glauben schenken kann. In mir, Herr Rauerz, haben Sie einen gläubigen Zuhörer, da ich von jeher der Meinung war, daß gerade das Unwahrscheinlichste der Wahrheit in der Regel viel näher verwandt ist, als das Wahrscheinliche... Sie haben einen Namen und sind dadurch allein schon eine Persönlichkeit, die nicht auf luftigem Grunde steht und uns plötzlich einmal entrückt werden kann."

"Der Name, Herr Baron, könnte erborgt sein," entgegnete Rauerz, "ja ich darf mit Bestimmtheit behaupten, er ist es!"

"Also Dichtung, keine Wahrheit, trotz aller Versicherungen unseres höchst respectablen Freundes," bemerkte lächelnd Maximiliane. "Doch fahren Sie fort und entschuldigen Sie diese — ich gebe es freiwillig zu — allzu frühe und unpassende Unterbrechung! Der älternlose Knabe gerieth, Gott sei Dank, in die Hände braver Leute, sonst hätten wir nicht das Vergnügen, jetzt so vertraulich mit ihm plaudern zu können."

"Diejenigen, in denen ich meine Aeltern zu verehren lernte, waren Fischer deutscher Abkunft, die in Riga sich ehrlich und den Verhältnissen nach ziemlich gut nährten. Ich habe im Hause des Vater Rauerz, der wie ich selbst Georg hieß, nie Mangel gelitten, sondern war sogar an einen gewissen Wohlstand gewöhnt. Mein Vater verdiente gut, brauchte selbst wenig, und, da außer mir, dem angenommenen Sohne, keine anderen

Kinder im Hause waren, so ließ er mich frühzeitig
von tüchtigen Lehrern unterrichten…"

"Wie aber kamen Sie in die Wohnung die=
ses wackern Fischers?" unterbrach Maximiliane
schon wieder den Erzählenden. "Man pflegt
für gewöhnlich Kinder nicht auf der Straße zu
finden."

"Gefunden wurde ich auch nicht," fuhr Georg
fort. "Vater Rauerz war eine gutmüthige Haut,
der es nicht ertragen konnte, wenn er Jemand
leiden sah… Ich mag wohl sehr heftig geschrieen
haben, als er mich kaufte."

"Wie?" fiel Horatio ein. "Sie wurden ge=
kauft?"

Georg lächelte, indem er antwortete:

"Es wäre vielleicht richtiger, zu sagen: für ein
Douceur abgelassen. Vater Rauerz war eben
gutmüthig und kinderlieb. Der einzige Kummer,
der ihn wirklich drückte, war die Kinderlosigkeit
seiner Ehe. Nun traf es sich von ungefähr, daß
in jenen wirren Tagen, wo Alles darüber und
darunter ging, ein Trupp streifender Kosaken
meinem Pflegevater begegnete und, ich weiß nicht
was von ihm begehrte. Gegen russische Unter=
thanen waren die Kosaken, der Schrecken aller
Franzosen, nicht unfreundlich. Vater Rauerz

konnte also leicht mit ihnen fertig werden.
Während der Unterhaltung nun, die sich dabei
anknüpfte, vernahm er die wehklagende Stimme
eines Kindes, das einer der bärtigen und wild
aussehenden, lanzenbewehrten Männer vom Don
eingepackt, so gut es gehen wollte, vor sich auf
dem Pferde trug und an den Sattelknopf be=
festigt hatte. Wenige Fragen brachten dem mit=
leidigen Fischer die Ueberzeugung bei, daß er
hier billig zu einem Kinde und Erben kommen
könne. Aus Barmherzigkeit hatte der Kosak das
Kind, das verlassen in einer Hütte lag, auf=
genommen und es mit nicht geringer Mühe einige
Tage lang ernährt. Die Last los zu werden,
ohne ein armes hilfloses Wesen grausam dem
Hungertode preiszugeben, mußte des kriege=
rischen Mannes vom Don heißester Wunsch sein.
Der Fischer machte dem Kosaken das Anerbieten,
sich seines Findlings anzunehmen, worauf dieser
gegen ein Geschenk, das aus wenigen Rubeln be=
stand, in die Hände meines braven Pflegevaters
überging, den ich stets wie einen wirklichen Va=
ter verehrt habe und dessen Andenken mir im=
merdar heilig sein wird. Rauerz war mir Alles;
er errettete mich von dem unabwendbaren Tode;
er gab mir Kleidung, Nahrung und Namen;

3*

er adoptirte mich als Sohn, damit ich dereinst, was auch geschehen ist, der Erbe seiner irdischen Besitzthümer werde..."

Georg's Stimme bebte, und ein wehmüthiger Zug prägte sich seinem männlich schönen Gesicht ein, so daß selbst die zu spöttischen Bemerkungen immer bereite Maximiliane ernst und theilnehmend den Erzählenden anblickte.

„Das ist allerdings ein Schicksal, das an's Wunderbare grenzt," sagte nach kurzem Schweigen Horatio. „Wären Sie mir nicht von einem Manne empfohlen, dem nichts verhaßter ist als der Schein, die Unwahrheit, die übertünchte Lüge, könnte ich leicht zu der Annahme verleitet werden, Sie wollten uns zum Zweck angenehmer Unterhaltung ein Märchen aufbinden. Dieser Gedanke jedoch liegt mir Ihnen gegenüber fern. Weil ich nun aber Glauben in Ihre Worte setze, wünsche ich begreiflicherweise auch mehr von Ihrem Leben zu erfahren. Der Glaube macht immer wißbegierig, obwohl ihm selbst damit sehr wenig gedient sein kann. Haben Sie keine Ahnung, wer Ihre Aeltern gewesen sein können?"

„Diese Frage würde ich wohl häufig und in großer Verstimmung an mich gerichtet haben, wäre mir auch nur ein Schimmer der Erinne=

rung an die erften Tage meiner Kindheit übrig
geblieben. Hätten meine Pflegeältern mir ver=
ſchwiegen, wie ich zu ihnen kam, würde ich mich
ſtets als ihren leiblichen Sohn betrachtet haben.
Vater Rauerz aber war eine ſo grundehrliche
Natur, daß er auf Koſten ſeines eigenen Glückes
mir, ſobald ich denken konnte, mittheilte, ich ſei
nur ſein Adoptivſohn, er liebe mich jedoch eben
ſo ſehr, wie das eigene Kind. Dieſes Wort hat
er nie Lügen geſtraft. Ihm und ſeiner auf=
opfernden Liebe verdanke ich, daß ich eine ſorg=
fältige Erziehung genoß, in allem Wiſſenswer=
then unterrichtet ward und frühzeitig mit wohl=
wollenden Menſchen bekannt wurde, die für meine
weitere praktiſche Ausbildung Sorge trugen. Ohne
Vater Rauerz würde ich ſchwerlich ſo zeitig die
Welt kennen gelernt, ſchwerlich ſo weite und bil=
dende Reiſen gemacht haben, und ſicher nicht ſo
glücklich ſein, mit Ihnen ſo heitere Tage zu ver=
leben."

„Sie ſind ein Sohn der Sonne, ein Liebling
Fortuna's, ein Begünſtigter der Vorſehung!"
ſagte mit ſcherzhafter Emphaſe Maximiliane von
Allgramm. „Ich bilde mir ein, gar keine Abſtam=
mung zu haben, gleichſam als ein aus Atomen,
die in der Luft kreiſen, die von der Sonne ge=

küßt, erwärmt, befruchtet werden, gebildetes namenloses Kind des Aethers und des Lichtes in menschlich schöner Gestalt auf die Erde versetzt zu werden, muß dem Geiste eigenthümliche Schwungkraft verleihen und einem so seltsam Bevorzugten alles irdisch Gemeine, alles menschlich Niedrige immerdar fern halten... Ich begreife sehr gut, daß Sie kein Gelüste tragen, zu erfahren, wo Ihre Wiege stand, und wer diejenigen waren, die den ersten Aufschlag Ihres Auges mit einem Kusse erwiderten."

Horatio schüttelte nachdenklich den Kopf.

„Kennen Sie Herrn Moosdörfer?" fragte er.

„Ich traf vor zwei Monaten mit ihm in Wien zusammen," versetzte Georg Rauerz.

„Der Mann weiß um Ihre Jugendschicksale?"

„Das möchte ich bezweifeln, Herr Baron. Ich selbst spreche von meiner Vergangenheit nur, wenn ich dazu gedrängt werde, und das geschieht so leicht nicht, weil es gewöhnlich an Veranlassung fehlt, sich gerade seiner Kinderjahre zu erinnern."

„Blieben Sie lange in Riga?" fragte Horatio in halber Zerstreutheit, denn er beschäftigte sich in Gedanken mit Moosdörfer, von dessen

Unglück er kurz vor seiner Abreise aus der Heimath im Hause des alten Organisten gehört hatte.

„Bis zu meinem zwölften Jahre," entgegnete Rauerz. „Mein Pflegevater, ein schon bejahrter Mann, gab, weil er sich nicht mehr kräftig genug fühlte, sein Geschäft auf, oder er trat es vielmehr einem jüngeren Manne gegen Erlegung eines guten Kaufschillings ab. Um den Rest seines Lebens in Ruhe und in angenehmeren Verhältnissen zu genießen, siedelte er nach Moskau über, wo ein Onkel von Rauerz lebte, der sich durch Handel ein bedeutendes Vermögen erworben hatte. Für mich ward diese Uebersiedelung wichtig, indem ich durch sie die Geschäftsthätigkeit zuerst kennen lernte, die mir später mein Fortkommen sicherte, mich erst nach St. Petersburg, von da über Lübeck nach Hamburg führte und mich endlich auch Nord- und Südamerika, wie die großen Städte Europas am Mittelmeere kennen lehrte. Auch zeigte mir Vater Rauerz auf der Reise nach Moskau die Gegend, wo er mit den Kosaken, meinen eigentlichen Lebensrettern, zusammentraf."

„Das muß für Sie ein unvergeßlicher Augenblick gewesen sein," bemerkte Maximiliane.

"Vergessen kann ich ihn auch nicht," fuhr Georg fort, "mächtig ergriffen aber wurde ich doch nicht davon. Man ist als zwölfjähriger Knabe noch zu sehr Kind, und kann man als solches zufrieden sein mit seinem Schicksale, so lassen Begebenheiten, welche uns nicht unmittelbar, sei es in angenehmer oder unangenehmer Weise, berühren, keine tiefen Eindrücke in unserer Seele zurück. So ist's damals auch mir ergangen. Merkwürdig war mir eigentlich nur, daß Vater Nauerz den Namen Beresina dabei nannte, von der ich in der Schule oft gehört hatte. In Riga war ich sogar häufig mit Leuten zusammen getroffen, welche die Schreckensscenen an der Beresina mit erlebten."

"Das sind ja überaus interessante Momente, die ich an Ihrer Stelle nie ganz aus den Augen verlieren würde," meinte Comtesse Allgramm. "Welche Möglichkeiten liegen hier in einem Knäuel zusammengewirrt, den ein günstiger Zufall nur in die rechte Hand spielen müßte, damit diese ihn behutsam entwirrte!... Ist Ihnen denn nie der Gedanke gekommen, daß Sie ein verloren gegangener Prinz, der Sohn eines berühmten Kriegshelden sein könnten, der Ansprüche hat auf ein unermeßliches Vermögen, auf einen

alten Namen, auf einen hohen gesellschaftlichen
Rang?... Mich, werther Herr, würde ein solches
über den Ursprung meines Lebens ausgebreitetes
Dunkel in so große Unruhe und fortdauernde Auf=
regung versetzen, daß ich an keinem Orte rasten
und glücklich sein würde!"

„Ich will nicht läugnen," erwiderte Georg
Nauerz, „daß mich zuweilen ein quälender Drang
befiel, dem Ursprunge meines Lebens nachzu=
forschen; die Schwierigkeit der Aufgabe aber, die
einer Vernichtung nicht blos des Glückes, das
mir beschieden war und das ich fest in der Hand
hielt, sondern auch einer Vernichtung meiner
ganzen Existenz gleich gekommen sein würde,
hielt mich davon zurück. Wo sollte eine solche
Nachforschung beginnen, wo enden?... Vater
Nauerz hatte keine Ahnung, wer meine Aeltern
gewesen sein mögen. Er war glücklich gewesen,
daß er in mir einen Sohn gefunden, den er als
sein eigenes Kind erziehen konnte, und der ihm
für solche Liebe zu ewigem Danke verpflichtet sein
mußte... Wie unendlich tief hätte ich das Herz
meines braven Pflege= und Adoptivvaters ver=
letzen müssen, hätte ich mehr Werth gelegt auf
Erforschung eines dunkeln Schicksals, als auf
den Besitz einer reinen, gesicherten, durchsichtig

klaren Gegenwart!... So wies ich denn damals wie später jede Versuchung, wenn sie mir bisweilen doch nahe treten wollte, entschlossen zurück, und bis jetzt habe ich diese Festigkeit meines Willens, welche den Horizont meines Lebens stets frei hält von berückenden Dunstgebilden, nicht zu bereuen gehabt..."

„In der Nähe der Beresina!" wiederholte Horatio. „Diese Geschichte müßte man dem alten Schäfer von der Feengruft zum Besten geben; vielleicht machte sie ihn beredt!"

„Was ist das für ein Mann?" fragte Georg.

„Ein guter, kluger, viel erfahrener und in allerhand dunkle Begebenheiten tief eingeweihter Mann," entgegnete Horatio, „den Manche fürchten, Einige hassen, Viele aber wie ein Wunder anstaunen... Zur Zeit der großen Kriege ist er lange Soldat gewesen, und meines Wissens hat er alle oder die meisten Schlachten von dem unglücklichen Tage bei Jena bis zu dem Riesenkampfe auf den Feldern um Leipzig mitgekämpft. Auch nach Rußland führte ihn sein Schicksal. Clemens erlebte den Brand von Moskau, überdauerte die Leiden und Entbehrungen des fürchterlichen Rückzugs, und war unter den Letzten, welche mit heiler Haut über die Beresina den verfolgenden Russen entkamen... Ein Schicksal, wie das Ihrige, würde dem Manne, der großes Gewicht auf Träume, auf Stimmen oder Gesichte, die ihn in der Dämmerung oder des Nachts umgaukeln, wie auf Zeichen legt, höchlichst interessiren. Ja, es wäre sogar möglich, daß, hätte er das Glück, Sie persönlich kennen zu lernen und befragen zu können, er auf eigene Faust Forschungen anstellte oder wenigstens seine altheidnischen Opferschalen nach Ihrem Schicksale und Ihrer Abstammung befragte... Sollten Sie jemals in unsere Gegend kommen, und Clemens lebt noch, so werde ich Sie mit dem merkwürdigen Manne bekannt machen."

„Ein Prophet also neuesten Styls, oder ein Seher im Zwillichkittel," entgegnete Georg. „Leute solchen Schlages näher kennen zu lernen und tiefer einzudringen in ihre Wesenheit mag recht interessant sein. Ich werde Sie an Ihr Versprechen erinnern, Herr Baron, wenn mich Geschäfte, wie ich hoffe, im nächsten oder übernächsten Jahre nach dem nördlichen Böhmen führen. Wo hält der alte, dem Zauberwesen so zugethane Mann sich auf?"

„Auf der Herrschaft Hohen=Rothstein," sagte Horatio. „Der Besitzer derselben, Graf Rothstein, hat ebenfalls ein sehr bewegtes Leben geführt und kann, ist er dazu aufgelegt, durch seine Erzählung eine ganze Gesellschaft auf das angenehmste und spannendste unterhalten. Sie würden sich in seiner Gesellschaft gewiß nicht langweilen. Graf Rothstein war, ehe er sich verheirathete, mit Leib und Seele Militär, zeichnete sich in den Feldzügen der letzten Napoleonischen Kriege, erst für den gewaltigen Kaiser, dann gegen ihn kämpfend, aus, und war auch Zeuge der Ereignisse in Rußland. Schon Ihres Schicksals wegen, das, wie es scheint, sich ja auch mit an den Rückzug der großen Armee knüpft, würde Graf Rothstein sich für Sie interessiren."

„Ohne mir doch Aufschluß geben zu können über das, was allein Interesse für mich haben könnte, nämlich über das Verbleiben oder über das Ende meiner Aeltern!" fiel Nauerz ein, und über sein intelligentes Gesicht legte sich wieder jener melancholische Zug, den Comtesse Maximiliane pikant fand und der sie zu dem gebildeten jungen Kaufmanne mehr als zu anderen, ihr ebenbürtigeren Männern hinzog.

„Nun weilen Ihre Gedanken wieder auf den blutgetränkten Feldern Ihres fernen Vaterlandes," sprach sie, wie immer einen spöttischen

Ton in ihre Stimme legend, „die Geister der Todten mit stillen Bitten beschwörend!... Hu, Sanct Georg, graust Ihnen nicht vor so vielen Legionen in Eis erstarrter Todten?..."

„Sie belieben zu scherzen, Comtesse," entgegnete Rauerz, „und warum auch sollten Sie es nicht!... Man fühlt sich nie behaglicher und befestigter in seinem Glück, als wenn man schauerliche Bilder der Vergangenheit künstlich hervorzaubert und sie an sich vorüberziehen läßt. Uns Drei kümmern nicht die Todten, welche begraben liegen zwischen Moskau und den Ufern der Beresina, obwohl auch meine Aeltern ihr Grab auf derselben Straße gefunden haben dürften..."

„Diese Vermuthung liegt allerdings nahe," warf Horatio ein.

„Und ich halte sie für mehr als wahrscheinlich, seit ich in Moskau gewesen bin," fuhr Rauerz fort. „Dort nämlich wollte der alte Onkel meines braven Adoptivvaters gleich beim ersten Blick in mir den Sprößling einer alten russischen Familie erkennen, die während des Krieges ausgestorben war, und an die mein junges Gesicht den graubärtigen alten Mann lebhaft erinnern wollte. Ich bekenne, daß ich auf des Alten Geschwätz, der meinem Adoptiv-

vater hart zusetzte, er solle doch über die Familie
Erkundigungen einziehen, wenig Gewicht legte.
Auch Vater Rauerz schüttelte den Kopf, bestieg
aber doch eines Tages mit seinem Onkel eine
ganz gewöhnliche Kibitke, um ein verwüstetes
Schloß zu besuchen, das eine Tagereise von
Moskau entfernt lag und der adeligen Familie
gehört hatte oder noch zugehörte, an die meine
Physiognomie den Alten erinnerte. Folgen hatte
dieser Ausflug weder für Vater Rauerz noch für
mich. Der Onkel sprach nicht mehr von der
Aehnlichkeit, die er in mir entdeckt haben wollte,
und mein Adoptivvater schwieg ebenfalls. Uebri=
gens bin ich selbst von meiner russischen Abkunft
überzeugt und vermuthe, daß die Franzosen auf
ihrem Rückzuge, in ein Gefecht mit den auf allen
Seiten sie umschwärmenden Russen verwickelt, sich
in ein Schloß warfen und daselbst so lange verthei=
digten, bis sie der Uebermacht weichen mußten.
Aus Rache oder um die Feinde länger aufzuhal=
ten, steckten sie wohl beim Abzug alle Gebäude
in Brand, ohne sich um das Schicksal der ent=
flohenen Bewohner zu kümmern. Diese mögen
dann — so stelle ich mir vor — obdachlos län=
gere Zeit umhergeirrt und zum Theil umgekom=
men sein, während die Ueberlebenden aus Noth

oder gezwungen sich dem Troß der großen Armee angeschlossen haben werden. Zu diesen gehörten dann wohl auch meine Aeltern oder die Personen, deren Schutz ich als hilfloser Säugling übergeben worden sein mochte, die mich dann auch so lange pflegten, bis sie selbst den Strapazen, dem Klima oder den Kugeln der Feinde in der Nähe der Beresina erlagen."

Eine Anzahl Vorübergehender, unter denen zwei ältere Männer sich durch ihren hohen Wuchs und Ordensbänder auf der Brust auszeichneten, mochten die letzten Worte Georg's vernommen haben. Wenigstens blickten sie theilnehmend auf unsere Freunde, grüßten, wohl überrascht und elektrisirt von Maximiliane's imponirender Schönheit, sehr höflich und gingen dann weiter. Einer der Herren hatte ein steifes Bein und hinkte. Georg vernahm, daß der Hinkende seinem Begleiter, der ihn führte, einige halblaute Worte zuflüsterte, die sich auf Maximiliane bezogen.

„Das sind Russen!" sprach er und stand auf.

„Vielleicht gar Bekannte von Ihnen?" meinte Horatio.

„Nicht doch," erwiderte Georg Rauerz. „Aber sie sprechen russisch, und das pflegt der gebildete Russe nur zu thun, wenn er von Anderen nicht verstanden sein will... Haben Sie Lust, Comtesse Marimiliane, die Bekanntschaft der Herren zu machen? Sie scheinen von edler Abkunft und reich zu sein, und ihrem martialischen Aussehen nach sind Beide wahrscheinlich Veteranen von Rang."

„Am Ende gar Helden von Borodino oder Leipzig, die interessante Details über den Rückzug der großen Armee erzählen können," meinte Horatio.

Marimiliane ließ ihren Schleier fallen und lehnte sich auf Horatio's Arm.

„Behalten wir die Herren im Auge," sprach sie. „Man lebt in Venedig nur halb, wenn man keine Abenteuer aufsucht. Ich will aber diese wunderbare Stadt nicht unbefriedigt verlassen, und darum so lange suchen, bis ich gefunden habe, was mich ergötzt, entzückt oder entsetzt."

Sie neigte anmuthig ihr schönes Haupt und lud Georg mit einem so tiefen Blicke ein, ihr Gesuch zu unterstützen, daß dieser am liebsten die Hand der verführerischen Comtesse mit heißen Küssen bedeckt hätte.

———

3.
In der Markuskirche.

Bigottes Wesen läßt sich den Venetianern nicht zum Vorwurfe machen. An Kirchen, bei als Bauwerke und ihrer vielen Kunstschätze wegen von Einheimischen wie Fremden besucht zu werden verdienen, fehlt es nicht; die Mehrzahl derer aber, welche darin aus und ein gehen, betritt sie nicht andächtiger gestimmt, als die hohen Portale der schwarzen Paläste venetianischer Nobili, die schon seit Jahrzehnten an reiche Fremdlinge vermiethet sind oder mit ihren erblindeten Fenstern und Zimmern ohne Kerzenglanz sich in den dunkeln Gewässern des gran canale spiegeln. Nicht die Andacht, nicht das Bedürfniß, das sorgenbelastete Herz im Gebet zu erleichtern, die profane Neugierde oder die

Schaulust geleitet bei Weitem die meisten derer in die stolzen Kirchen Venedigs, die man von früh bis spät darin antrifft.

Maximiliane von Allgramm, stets aufgeweckten Geistes, wißbegierig und ganz im Ernst nach einem pikanten Abenteuer lüstern, das sie ein wenig mit Bangigkeit erfüllt hätte, ohne sie heftig zu ängstigen, ließ ihrem Vetter keine Ruhe, sobald die bekannten Rufe der Wasserverkäuferinnen sich hören ließen und das goldene Licht der Morgensonne die dunkelrothen Gardinen vor dem Fenster in Purpur tauchte.

„Auf, Horatio!" rief sie, recht unsanft an die Thür seines Schlafzimmers klopfend. „Sanct Markus wartet unser, ich aber will pünktlich sein, um Säumigen keinen Anlaß zur Entschuldigung zu geben!"

Horatio mußte der liebenswürdigen Mahnerin nachgeben und Maximiliane nach der Markuskirche begleiten. Georg Rauerz, von dem sich die Verwandten erst spät getrennt hatten, war durch seine Geschäfte entschuldigt, die ihn nach der Insel Murano in die dortigen Glas- und Spiegelfabriken riefen, mit deren leitenden Chefs das Haus, dessen Agent und Vertreter er war, in Verbindung stand. Man hatte beim Scheiden verabredet, sich Abends wieder unter den Arcaden der Procuratien zu treffen, um dann erst zu bestimmen, wie man den Rest des Tages zubringen wolle und was in nächster Zeit vorzunehmen sei, falls Georg, durch seine geschäftlichen Verhältnisse gebunden, die ihm empfohlenen Freunde sich nicht selbst überlassen müsse.

Das Innere der großen Kirche, an deren einem Seitenaltar stille Messe gelesen ward, erschien den Eintretenden so öde und leer, daß Maximiliane von einem leisen Schauer überrieselt ward. Der auffallend starke Modergeruch, der sich in der frühen Morgenstunde mehr noch wie sonst bemerklich machte, gemahnte an Tod und Grab, und das Geflüster des messelesenden Priesters, das nur bisweilen in halblautes Gemurmel überging, konnte weder die Comtesse noch Horatio andächtig stimmen.

Maximiliane schritt ziemlich rasch an den verschiedenen Altären vorüber, mit ihren großen, von Geist funkelnden Augen das Weib von der Riva de' Schiavoni suchend, mit dem sie hier zusammentreffen wollte. Wohin sie sich aber auch wandte, die Gesuchte war nirgends zu entdecken. Die schlaue Alte hatte die schöne fremde Dame

4*

offenbar blos neugierig machen wollen, um eine größere Gabe von ihr zu erhalten.

Von Personen, welche tief unter ihr standen, mochte sich Marimiliane, sonst immer zu Scherzen aufgelegt, nicht gern foppen lassen. Sie zog daher schmollend die Stirn kraus, als sie ihren Vetter Recht geben mußte, der schon unterwegs wiederholt geäußert hatte, des unbedeutenden Weibes wegen, das nichts mehr und nichts weniger als eine Bettlerin sei, die sich durch geheimnißvolle Redensarten nur mehr Relief geben wolle, hätten sie sich nicht zu übereilen gebraucht. Die Landsmännin, ihrem Dialekte nach dem Süden Deutschlands angehörend, erschien wirklich nicht in der Markuskirche, weder als Bettlerin noch als Betende, und Marimiliane würde in recht böser Stimmung der Aufforderung Horatio's, lieber eine Gondel zu besteigen und in der erquickenden Morgenluft eine Vergnügungsfahrt nach den Murazzi zu machen, nachgekommen sein, wäre sie nicht unter dem Portale durch eine fesselnde Erscheinung von Neuem in dem erhabenen Heiligthum zurückgehalten worden.

Ein schlanker, nur mittelgroßer junger Mann von dunkelm Teint und glänzenden schwarzen

Augen, höchst elegant gekleidet, trat ihr unter der Thür entgegen.

„Mein grüner Hidalgo von Ostende!" rief Maximiliane, in ihre heiterste Laune zurückfallend. „Sie hier, Don Rodrigo?" fuhr sie fort, dem Fremden vertraulich die Hand entgegenstreckend und ihn Horatio vorstellend. „Don Rodrigo aus Chili, von dem ich Dir so allerliebst schrieb," setzte sie hinzu. „Das ist ja ein köstlicher Einfall von Ihnen, nach Venedig zu kommen!... Wo haben Sie Wohnung genommen?... Sie müssen ganz in unserer Nähe bleiben; denn was wir von jetzt an beginnen, muß von uns gemeinsam unternommen werden... Wo sind Sie in der Zwischenzeit herumgezogen? Und wo ist Ihr nordischer Schatten geblieben aus dem aristokratischen Süden?..."

Horatio folgte dem Redestrome seiner lebhaften Cousine mit gespannter Aufmerksamkeit, konnte aber begreiflicher Weise keinen rechten Zusammenhang in ihre Fragen bringen. Besonders auffällig erschien ihm die wunderlich klingende Frage nach dem nordischen Schatten, der in demselben Athemzuge doch auch wieder aus dem Süden stammte.

Don Rodrigo begriff die jetzt von Glück

strahlende Comtesse desto besser. Mit forschendem Blick den stattlichen Vetter Maximiliane's streifend, für welchen er keine Zuneigung fühlte, antwortete er:

„Den Sie vermissen, Contessa, inspicirt jetzt wahrscheinlich schon seit Monaten die ihm zugehörenden Corrals auf den Pampas, oder reitet, von dienenden Sclaven begleitet, durch seine Baumwollenpflanzungen in Louisiana, oder ist endlich mit Befrachtung von Schiffen beschäftigt, die ihm aus allen Zonen neue Reichthümer zuführen."

„Ich gratulire Ihnen zu Ihrem jetzigen Alleinsein, Don Rodrigo," entgegnete Maximiliane und nahm dankend den dargebotenen Arm des Chilenen an, den sie, seines olivenfarbenen Teints wegen, in ihrer ungenirten Weise „den Grünen" nannte. „Eigentlich war ich Ihnen recht böse, daß Sie sich an diesen ewig so spöttisch oder richtiger infam lächelnden Yankee hingen, der, glaub' ich, keinen Menschen lieben kann. Wenn ich ihn unbelauscht beobachtete, kam er mir vor wie ein zugeknoteter Geldsack, den eine unheimliche Elementarkraft Leben, aber freilich ein Leben ohne Seele eingehaucht hat... Ich hätte mich fortwährend mit ihm zanken, noch lieber aber ihm wie ein gut abgerichteter Papagei zurufen mögen: Bist ein Schuft! Ein gemeiner Schuft! Die Raben sollen Dich fressen!"

„Cousine, Cousine," fiel Horatio ein, „Du vergißt Dich selbst und den Ort, wo wir weilen!"

„Da hast Du wirklich ausnahmsweise einmal recht, weiser Vetter," entgegnete Maximiliane. „Es ist schändlich, einem Abwesenden Uebles nachzureden an heiliger Stätte... Ich verspreche, von jetzt an artig und wieder ganz sinniges, schüchternes Mädchen voll Taubensanftmuth und Schlangenklugheit sein zu wollen. Don Rodrigo darf aber nicht von unserer Seite weichen."

„Ich hoffe, Don Rodrigo wird uns vortrefflich unterhalten," versetzte Horatio, „vielleicht zunächst von dem nordischen Schatten, der sich meinem Auge noch nicht in deutlich erkennbarer Gestalt zeigen will."

„Preise Dich glücklich, Vetter, wenn Du nicht in seine Netze fällst!" sprach Maximiliane. „Aber Du hast ja nichts von ihm zu fürchten, denn Du bist Baron und wirst eines Tages ein reich begüterter Mann sein. Nur arme Schächer, denen das Leben keine irdischen Schätze beim Sprunge in die Welt finden ließ, fallen solchen unheim=

lichen Schatten gegenüber in Versuchung und
Stricke."

Horatio gefielen diese Bemerkungen seiner
Cousine sehr wenig, und das Mißfallen, das sie
ihm verursachten, mochte sich in seinem Minen=
spiel ausdrücken.

„Donna Contessa erlauben," fiel lächelnd der
Chilene ein, „daß ich der prosaische Dolmetscher
Ihrer poetisch umhüllten Gedanken werde. Wider=
sprüche werden nur verständlich, wenn man sie
erklärt."

„Don Rodrigo, Sie haben Vollmacht, zu thun,
was Ihnen die Pflicht gebietet!" sprach Maxi=
miliane und blinzelte Horatio vertraulich und mit
unvergleichlicher Liebenswürdigkeit zu. „Achte auf
jedes Wort dieses gewissenhaften Hidalgo, Vetter,
denn er ist wahr wie ein Priester, der alle Weihen
empfangen hat."

Der Chilene lächelte, indem er erwiderte:
„Der Mann, welcher so wenig Gnade vor den
Augen der edlen Donna findet, stammt aus den
nördlichen Staaten Amerika's, hat ganz die Ge=
wohnheiten eines Yankee reinsten Wassers, und
ist bei Abschließung eines Geschäfts, das ihm
reichen Gewinn zu bringen verspricht, nicht scru=
pulös. Ich vermuthe, daß Master Heedfull seine

Reichthümer wie die Stellung, welche er seit einigen Jahren als Pflanzer in den Südstaaten der Union einnimmt, berechnender Schlauheit mehr als strenger Rechtlichkeit zu verdanken hat. Master Heedfull ist aber ein so respectabler Mann unter seinen Landsleuten und steht bei diesen in so hoher Achtung, daß Jeder gegen die Sitte verstoßen würde, der es nicht für eine große Ehre hielt, mit ihm bekannt zu werden, mit ihm zu verkehren und seine kleinen Extravaganzen liebenswürdig oder gottvoll, wie er selbst Alles nennt, was er treibt oder unternimmt, zu finden."

Es lag eine gute Dosis Schalkheit in dem feinen Lächeln, welches das geistreiche Gesicht Don Rodrigo's überglänzte, und Horatio fühlte, daß der Chilene für Unziemlichkeiten, die er wahrscheinlich von einem Uebermüthigen hatte erdulden müssen, der seiner großen Mittel wegen sich Alles erlauben zu können glaubte, an diesem in echt gentlemännischer Weise eine sehr empfindliche Rache nahm.

„Bei alledem scheint meine schöne Cousine sich mit diesem Prototyp des Yankeethums doch ganz gut unterhalten zu haben," versetzte Horatio, „denn die Scherze, welche Du damals über Deine neuen Bekanntschaften zu machen Dir er=

laubtest, lauteten recht vergnüglich und haben mich gut amüsirt."

"Bravo, Vetter!" sagte Maximiliane und legte die kleinen behandschuhten Hände mit der Miene einer Applaudirenden zweimal sanft in einander. "Beifallsbezeigungen sind hier nicht erlaubt, aber ich werde Dich zu guter Stunde dafür belohnen! Gottvoll jedoch würde ich mich freuen, wenn Dich das Leben auch einmal mit diesem kaltherzigen Sclavenhalter zusammenführte. Einige Aussicht wäre vorhanden, gestatteten Master Heedfull seine vielen und verschiedenartigen Geschäfte, Europa noch einmal und zwar auf längere Zeit zu besuchen, was er — natürlich wieder nur, um auch auf europäischem Boden Geschäfte zu machen — Willens zu sein schien. Wohin gedenken Sie später zu gehen?" wandte sich die Comtesse wieder an den Chilenen.

"Meine Tour durch Europa ist beendigt, Contessa," versetzte Rodrigo. "Ich schließe sie ab mit dem Besuche dieser schwimmenden Wunderstadt, die mir von Allen, welche die Welt kennen, als eine der sehenswerthesten geschildert worden ist. Ich finde, daß der Ruf nicht übertrieben hat. Mich fesselte Rom durch seine antike Majestät, mich entzückte die paradiesische Natur von Neapel, Sorrent,

Salerno; ich saß, in Gedanken der Wehmuth
über den Untergang alles Großen und Herrlichen
versunken, auf den Trümmerresten von Syrakus,
und bin doch mehr als befriedigt von dem Ein=
drucke, den Venedig auf mich gemacht hat, weil
er wieder ein so ganz anderer, so ganz eigen=
thümlicher ist."

„Sie sind erst angekommen?" fragte Maxi=
miliane.

„Vorgestern Abend."

„Ganz allein?"

„In Padua, bis wohin ich von Florenz mit
einem Vetturin fuhr, der mich durch seine heitere
Geschwätzigkeit und durch seine komische Wuth
gegen die Tedeschi gut unterhielt, fand ich in=
teressante Gesellschaft, zu der ich mich während
meines hiesigen Aufenthaltes, den ich auf einen
Monat festgesetzt habe, möglichst zu halten ent=
schlossen bin. Man ist immer am besten aufge=
hoben, wenn man unterrichtete Reisebegleitung
findet. Zwar sind es Söhne des für barbarisch
verschrieenen Rußlands, auf mich aber haben die
beiden Herren gar nicht den Eindruck von Bar=
baren gemacht. Mit dem nämlichen Rechte könnte
mich die europäische Aristokratie zu den India=
nern zählen, obwohl ich in gerader Linie von

einem tapfern Degen abstamme, der sich unter
den Conquistadoren in Chili, meinem unvergleich=
lichen Vaterlande, niederließ."

„Zwei Herren aus Rußland, sagen Sie?"
fiel Horatio ein. „Einer von ihnen, und zwar
der ältere, hinkt?"

„Sie kennen meine Reisebegleiter bereits?"

„Nur von Ansehen, edler Hidalgo?" sprach
Comtesse von Allgramm. „Sie streiften uns
gestern bei Ihrem Rundgange durch die belebten
Bogengänge der Procuratien."

„Sie sollen noch in dieser Stunde die Be=
kanntschaft dieser vortrefflichen Menschen machen,
die ich von Herzen lieb gewonnen habe," erwi=
derte Don Rodrigo. „Ich erwarte sie jeden Au=
genblick, denn wir verabredeten, uns in der Sanct
Markuskirche zu treffen."

„Die russischen Herren scheinen gediente Mi=
litärs von Rang zu sein," warf Horatio da=
zwischen.

„Sagen Sie lieber ausgediente Militärs,
Herr Baron," fuhr der Chilene fort. „Beide
Herren sind pensionirt und leben schon zur Wie=
derherstellung ihrer Gesundheit über Jahr und
Tag unter dem milden Himmel Italiens. Der
jüngere Herr, ein Fürst Gudunow und Besitzer

unermeßlicher Güter, ist völlig genesen, sein älterer Begleiter dagegen, welcher eine Kugel mit sich herumträgt, leidet fortwährend, und auch die gepriesenen und von mehreren Aerzten ihm anempfohlenen berühmten Bäder von Lucca haben nicht die erwünschte Wirkung gehabt. Graf Jermak hat dieselben fast eben so leidend verlassen, wie er sie besuchte. Er hofft jetzt einige Linderung von dem Gebrauch des Seebades auf dem Lido, das er fortsetzen will, so lange es die Jahreszeit erlaubt."

Don Rodrigo hatte kaum ausgesprochen, so traten auch die Erwarteten in das Halbdunkel der stillen Kirche, in deren Räumen noch immer die halblauten Gebete des messelesenden Priesters dumpf verhallten. Der Chilene stellte die beiden russischen Herren der Comtesse und Horatio vor, und da man sich von beiden Seiten der flüchtigen Begegnung vom vorhergehenden Abend unter den Procuratien erinnerte, so kam alsbald ein belebtes Gespräch in Fluß. Horatio, der in dem Gesichtsausdrucke des Grafen Jermak einen ihn ansprechenden Zug entdeckte, hielt sich besonders zu diesem, während der um mehrere Jahre jüngere Fürst Gudunow, seinem Range nach nur Major, während Jermak als Oberst

pensionirt worden war, mit vieler Gewandtheit
die schöne Comtesse und Don Rodrigo unter=
hielt.

„Wo haben Sie Ihren Begleiter von gestern
Abend gelassen, Herr Baron?" fragte Graf Jer=
mak den Vetter Maximiliane's. „Ich muß dem
Herrn früher schon begegnet sein."

„Vor längeren Jahren wäre es möglich ge=
wesen," sagte Horatio, „denn Herr Rauerz ist
ein geborener Russe."

„Der Name Rauerz klingt aber gar nicht
russisch. Gewiß waren seine Aeltern eingewan=
derte Deutsche, die in Rußland ihr Glück mach=
ten. Es giebt deren Viele in unserem Vaterlande,
und wir nehmen sie gern auf; denn im Allge=
meinen haben meine Landsleute von dem Deut=
schen noch sehr viel zu lernen, ehe sie mit vollem
Recht sich den wirklichen civilisirten Nationen
Europa's zuzählen können."

Horatio war anfangs Willens, dem Grafen
mitzutheilen, daß Rauerz nur ein angenommener
Name sei, und der junge Mann, um den es sich
handelte, weder seinen Geburtsort noch seine
Aeltern kenne. Da fiel ihm ein, daß er zu sol=
cher Mittheilung doch eigentlich nicht befugt sei,
und daß, mache er sie dem ihm noch völlig frem=

den Manne wirklich, Georg darin einen Miß=
brauch seines Vertrauens erblicken und sich schwer
dadurch beleidigt fühlen könnte. Den meisten
Menschen erscheint ein dunkles Herkommen als
levis macula, weshalb sie dasselbe oft sogar auf
nicht empfehlenswerthe Weise zu verdecken su=
chen, indem sie sich selbst eine Abstammung bei=
legen, deren Nachweis, begehrte man ihn zu
wissen, ihnen in den meisten Fällen sehr schwer
fallen würde.

„Ist Herr Rauerz von Familie?" fügte Graf
Jermak hinzu und setzte gerade durch diese Frage
Horatio in Verlegenheit. Maximiliane, welche
die Frage des Russen ebenfalls vernahm, kam
ihrem Vetter, der seine Blicke halb zerstreut auf
eine besonders unebene Stelle des Mosaikfuß=
bodens heftete, mit der kecken Antwort zu Hilfe:

„Von höchst illustrer Familie, mein Herr Graf!
Später mehr davon. Jetzt schlage ich den Her=
ren vor, eine Wasserfahrt zu machen. Mich
drängt es, die Insel Sanct Lazaro und das dortige
Mechitaristenkloster zu besuchen, von dem ich so
viel gehört habe. Die Mechitaristen=Missionäre,
die man dort ausbildet, sollen große Gelehrte,
sehr menschenfreundlich und für Fremde leicht
zugänglich sein. Wenn ich nicht irre, verkehrte

Lord Byron häufig mit diesen Jüngern armenischer Mönche; Klosterbrüder aber, welche den Dichter des „Don Juan", der wahrlich kein Heiliger war, nicht von sich wiesen, können schon wegen dieser seltenen Humanität für ausgezeichnete Menschen gelten. Ich will mir die wackeren Leute genauer betrachten und mir aus einer ihrer uralten Handschriften Armenisch vorlesen lassen... Sind Sie mit von der Partie, meine Herren?.."

Die vornehmen Russen würden den Namen „Barbaren" verdient haben, hätten sie eine von solchem Munde kommende Einladung abschlagen können. Don Robrigo eilte voraus, um sich zweier Gondeln zu versichern. Maximiliane folgte an der Seite des Fürsten Gubunow, und Horatio erlaubte sich, dem hinkenden und langsam vorwärts kommenden Grafen als Stütze seinen Arm zu bieten.

4.
Tobias Helfer auf Schloß Rothstein.

„Mich befiehlt der Herr Graf auf's Schloß?" sagte der Organist Tobias Helfer zu dem Bedienten Jacques, der ihn mit dieser auffälligen Nachricht beim Einrichten eines neuen Zettels überraschte, um sich täglich einige Stunden nützlich hinter dem Webstuhle beschäftigen zu können. „Sollte das nicht ein Irrthum sein, lieber Mann?... Der Herr Graf hat mir das Schloß verboten, seit ich meiner Tochter wegen ihm offen meine Meinung zu sagen genöthigt war.. Kann das arme Mädchen dem gnädigen Herrn nichts mehr nach Wunsch machen, so darf er Andrea nur fortschicken. Das Aelternhaus steht ihr immer offen, und wir werden unsere Tochter stets mit offenen Armen aufnehmen."

„Ich kann nur meinen Auftrag ausrichten, Herr Organist, die Beweggründe des Herrn Grafen sind mir eben so unbekannt wie jedem Andern." Er fügte noch hinzu: „Ich soll es Ihnen scharf machen, denn er könne nicht lange warten, weil er verreisen müsse."

„Verreisen!.. So, so!.. Und darf man fragen, wohin?"

„Der Herr Graf wird diese Frage am besten beantworten können, wenn Sie genug Courage besitzen, sie ihm vorzulegen."

„Nun, nun, junger Mensch, nur nicht so patzig!" versetzte der Organist. „Ich habe gar kein Interesse dabei; es fällt mir des Herrn Grafen plötzlicher Entschluß nur deshalb auf, weil er die letzten Jahre kaum ein paar Meilen weit von Rothstein sich entfernte... Gut denn, meinen gehorsamsten Respect zu vermelden, und ich werde kommen... Muß mich nur ein wenig menschlich herausputzen, denn Schlapppantoffeln, eine blaue Schürze und ein Kopf voll weißer Haare mit Garnstaub bepudert passen nicht in ein vornehmes Grafengemach... Mutter Rahel, meinen Bratenrock!"

Jacques lächelte und drehte sich die Haartülle auf der Stirn noch etwas höher, ehe er den betreßten Hut darauf stülpte.

„In einer guten Stunde vielleicht?" fragte er, die Hand auf den Drücker der Zimmerthür legend.

„So ungefähr, lieber ungeduldiger Mann!.. Werde mich sputen, so gut ich kann, und so schnell ausschreiten, als es meine alten Lungen erlauben..."

„Was ist, Vater?" fragte Rahel, die eben eintrat, als der flinke Bediente des Grafen aus der Thür schlüpfte. „Es ist doch kein Unglück geschehen?"

„Hab' Dich nicht, Mutter, es hat gewiß gar nichts zu sagen," versetzte Tobias. „Der Graf will reisen, und da will er mir 'was vermelden..."

„Dir, Tobias?.. Und erlaubt Dir weder die Tochter zu sehen noch ihr zu schreiben, seit sie ein lange schon umlaufendes Gerücht für wahr bezeichnet hat und darauf einen körperlichen Eid zu schwören sich bereit erklärte?"

„Laß die Geschichte doch ruhen, Mutter, es spricht ja Niemand mehr davon!" entgegnete der Organist. „Der Graf begehrt mich zu sprechen, mithin hat er mir offenbar etwas Besonderes mitzutheilen... Ich bin sein Unterthan, und halb

5*

und halb als Inhaber einer jährlichen Pension von ihm abhängig, habe ihm also auf alle Fälle zu gehorchen... Und der Graf hat's eilig, mithin muß ich meine Füße ebenfalls in möglichst eilige Bewegung setzen... Hole Du darum mein Communionkleid — ich sehe ganz vornehm, fast wie ein Pastor, darin aus — das weiße Halstuch knüpfe ich mir inzwischen selber um; Du mußt nachher nur die Zipfel der Schleife, die mir nie gelingt, gerade ziehen, damit ich fein ordentlich aussehe... Die Stiefeln stehen bereit, und — tausend noch einmal — sie glänzen wie Deine Augen, Mutterchen, wenn Du mir beim Kaffee den ersten Morgenkuß giebst!... Ist's nicht eine wahre Pracht?"

Der Organist hielt das allerdings sehr blank gewichste einzige Paar Stiefeln, das er nur bei feierlichen Gelegenheiten zu tragen pflegte, in das hell durch die kleinen Fensterscheiben hereinscheinende Sonnenlicht und lächelte vergnügt wie ein Kind, indem er der ebenfalls lächelnden Rahel sanft die runzelige Wange klopfte. „Unglückliche Ereignisse fürchte ich nicht mehr, seit die Kinder in der neuen Welt so viel Glück machen," fuhr er fort „und uns Alten, was kann uns denn passiren?... Nichts weiter, als daß Freund

hein uns eines Nachts vor Sonnenaufgang das
Lebenslicht ausbläst!... Na, und ich denke,
das ist ein Malheur, kaum so groß, als wenn
Einer von uns Beiden dem Andern Kranken=
wärterdienste leisten müßte... Also froh in die
Welt geschaut, Mutter, ein Organist muß die
Musik der Engel immer in seinem Ohre klingen
hören!"

Nach dieser beruhigenden Rede holte Rahel
das verlangte Kleidungsstück, das bereits ein
Vierteljahrhundert überdauert hatte, aus dem
von ihrer Mutter ererbten Kleiderschranke, bür=
stete es sauber und half es Tobias anlegen.
Als dies geschehen war, richtete sie ihr Augen=
merk auf das weiße Halstuch des gewesenen
Schulhalters, ordnete ihm die ehrwürdigen Sil=
berlocken über der Stirn und reichte ihm das
spanische Rohr, das Tobias bei wichtigen Aus=
gängen zu tragen pflegte. Es war dieser theure
Stock ein Andenken aus früherer Zeit, das er
sich zulegen mußte, um in seiner Eigenschaft als
Hochzeitsbitter, ein Amt, welches dem Organisten
von Hohen=Rothstein ebenfalls übertragen war,
mit der so nöthigen Würde auftreten zu können.

"Sei guten Muths, Mutter, es kann mir
gar nichts passiren," sagte Tobias, Rahel zum

Abschiede die Hände reichend. „Es ist ein Gang in Geschäften, der von mir verlangt wird, und ein solcher ähnelt in vieler Beziehung einer uns anvertrauten Mission. Freilich ist's just keine innere Mission, zu der ich mich anschicke, sondern eine recht äußerliche; wer aber kann wissen, ob ich nicht großen Segen damit anstifte? Wir sind in der Hand Gottes eben alle Missionäre!... Gott befohlen, Mutter!..."

Rahel begleitete ihren Mann bis auf die Straße, blieb hier stehen, legte die eine Hand schirmend über die Augen, um nicht von der hell scheinenden Sonne geblendet zu werden, und sah Tobias nach, bis er hinter dem Schulzenhofe ihren Blicken entschwand.

Helfer ging rüstig fürbaß und legte sich allerhand Fragen vor, um sich auf sein Zusammentreffen mit Graf Rothstein möglichst gut vorzubereiten. Dabei vertiefte er sich so in sein eigenes Denken, daß er auf die vielen Grüße, die ihm Begegnende zuriefen, selten achtete. Nur wenn rechts oder links an ein Fenster geklopft wurde und eine junge oder alte, eine Discant- oder Tenorstimme seinen Namen laut über die Straße rief, blieb Tobias Helfer stehen, dankte dem Grüßenden und wechselte wohl auch eilige Worte mit ihm.

"Wohin so hastig, Herr Organist?" lautete gewöhnlich die Frage. "Und so propre im Staat!... Das hat wohl 'was Großes zu bedeuten?"

Als Antwort erhob dann der Organist zuerst das spanische Rohr, deutete nach Rothstein hinauf, dessen Thurmzinne fast überall auf der Straße sichtbar war, und sagte:

"Auf's Schloß geht es im Courierschritt!... Gräfliche Gnaden begehrt meinen Rath, muß ihm also das Wasser bis an den Mund reichen!... Gehe aber mit Gott und habe mithin nichts zu fürchten!..."

Daß er gar keine Furcht habe vor dem Zusammentreffen mit dem herrischen, lieblosen Grafen, der ihm die Tochter, obwohl er sie haßte, wieder zu geben sich weigerte, suchte Tobias Helfer sich blos einzureden. Sein Herz ward ihm schwerer, je näher er dem Schlosse kam, und seine Schritte wurden immer kürzer. Er fühlte nicht blos, er hörte auch sein Herz klopfen, und da es ihm an Luft mangelte, mußte er wiederholt stehen bleiben, um wieder zu Athem zu kommen.

Endlich betrat er den Schloßhof, stieg lang=

sam die vielstufige Freitreppe hinauf und meldete sich dem Castellan, der eines Morgens den Schäfer Clemens so barsch abweisen wollte.

"Alles in Ordnung," sagte dieser. "Sie werden erwartet, brauchen mithin nicht besonders angemeldet zu werden... Der Herr Graf wohnt gegenwärtig im linken Flügel, breiter Corridor, dritte Thür... Jacques steht davor als Wächter... Wünsche gute Verrichtung!"

In des schüchternen Schulhalters Leibe, der kaum jemals über die Grenzsteine der Herrschaften Hohen-Rothstein und Alteneck hinausgekommen war, lebte nicht die unerschrockene Seele des dreisten Schäfers von der Feengruft. Es kostete ihm Mühe, die breite Treppe hinauf zu klimmen, denn die Beine zitterten ihm. Erst als er des lächelnden Jacques ansichtig wurde, der gemessenen Schrittes wie eine Schildwache auf dem Corridor auf und ab patrouillirte, und dieser ihm zuwinkte, fühlte Tobias Helfer die ihn beherrschende Bangigkeit etwas schwinden.

"Das ist ja das Wohnzimmer der in Gott ruhenden gnädigen Frau Gräfin!" stotterte er und sah den Bedienten fragend an. "Früher war es verboten, hier einzutreten..."

"Geht mich nichts an!" brummte Jacques.

"Drinnen sitzt der gnädige Herr und wartet Ihrer; also ohne langes Federlesen nur hinein!"

Er riß die Thür auf, gab dem zögernden Organisten einen leichten Stoß und drückte das Schloß wieder hinter ihm zu. —

Graf Achim von Rothstein saß lesend am Fenster. Bei dem unbedeutenden Geräusch, welches der Tritt des fast hereinstolpernden Schulhalters auf dem sehr dicken Teppich des geräumigen Zimmers machte, dessen werthvolle Gardinen verblichen, dessen einst kostbar gewesenes Mobilar in Folge langjähriger Nichtbenutzung stark bestäubt war, kehrte der Graf sein scharf ausgemeißeltes Gesicht der Thür zu, fuhr sich mit der Hand erst durch das dünn gewordene Haar und strich sich dann die langen Enden seines gewaltigen Schnurrbartes, dessen Pflege er in den letzten Monaten sehr vernachlässigte.

"Trete Er näher, Helfer!" redete er den Schulhalter an, der eine verlegene und nicht besonders geschickte Verbeugung machte. "Ich will Ihm verzeihen, daß Er Seine Kinder so schlecht erzogen hat... Er ist ein alter Esel!..."

"Halten zu Gnaden, Herr Graf!" stammelte Tobias Helfer und näherte sich dem unfreundlich

sprechenden Grafen einige Schritte. „Es war
von jeher mein Bestreben…"

„Behalte Er Seine Weisheit für sich und ant=
worte Er nur auf die Fragen, die ich Ihm vor=
legen werde!" unterbrach ihn der Graf. „Hat
Er kürzlich wieder Nachricht von drüben er=
halten?"

„Meinen gräfliche Gnaden von meinen Kindern
in Südamerika?"

„Mit wem sonst kann Er über's Weltmeer
hinüber correspondiren!… Seine Jungen haben
Glück, Glück wie die Teufel!"

„Sie haben zuvor hart arbeiten müssen, gräf=
liche Gnaden, und mein zweiter Sohn…"

Graf Rothstein sprang auf, schlug nach seiner
Gewohnheit die Hacken zusammen und sprach ge=
bieterisch:

„Schweig' Er von diesem Menschen!… Seit
ich den Hal… ungehindert laufen ließ, verfolgt
mich das Unglück auf Schritt und Tritt… Also
Er hat neuerdings Nachrichten?…"

„Vor ein paar Monaten erhielt ich ziemlich
ausführliche Briefe von beiden Söhnen!…"

„Und seitdem nicht wieder?"

„Leider nicht, gräfliche Gnaden!…"

Achim von Rothstein setzte sich wieder.

„Das ändert die Sache," sagte er in weniger hartem Tone. „Dann kann Er mir keine Aufklärung geben..."

Er schwieg, blickte wieder in das Zeitungsblatt, in dem er beim Eintritt des Organisten gelesen hatte, und schüttelte einige Male leicht den Kopf.

Tobias Helfer wagte nicht zum zweiten Male eine Frage an den Grafen zu richten, da ihm dies bereits einmal von dem mürrischen Gebieter verboten worden war.

„Weiß Er," nahm Graf Rothstein nach einer Weile wieder das Wort, „daß die alte Person auf Alteneck in jungen Jahren ein leichtfertiges Leben geführt hat?"

„Davon ist mir nichts bewußt, gräfliche Gnaden," versetzte Tobias Helfer.

„Kennt Er denn Barbara nicht?"

„Gewiß kenne ich sie, nie aber war ich ihr Vertrauter..."

„Ach nein, der Intimus dieser schlauen Betrügerin ist ein Anderer, ihr in Bezug auf alles Versteckte, Boshafte und Schlechte vollkommen ebenbürtig," fiel der Graf ein, indem er sich die Hände rieb. „Gleichviel indeß, Er muß doch seiner Zeit gehört haben, daß unter dem Gesinde auf Alteneck ein Bube herumlief, der in der Eremitage das Licht der Welt erblickte und als dessen Mutter Jeder, der nicht mit Blindheit geschlagen war, die Beschließerin Barbara bezeichnete."

"Den Buben habe ich oft gesehen," versetzte Tobias Helfer, indem er den Grafen mit strafendem Blick maß, der ihm wohl zu Gebote stand, wenn eine tiefe moralische Entrüstung sich seiner bemächtigte. "Er glich seinem Vater wie aus den Augen geschnitten und schien auch viele seiner Eigenschaften ererbt zu haben, die sich frühzeitig in ihm entwickelten."

"Kennt Er denn des Buben Vater?" fragte der Graf barsch, indem er mit drohendem Auge den alten Organisten einzuschüchtern suchte.

"Halten zu Gnaden, Herr Graf," fuhr Tobias fort, "man hält gewöhnlich denjenigen für den Vater eines Kindes, dem dieses auffallend ähnlich sieht."

Graf von Rothstein deutete dem Schulhalter durch eine abwehrende Handbewegung an, daß er das Gespräch abzubrechen wünsche, indem er sagte:

"Genug davon, Helfer!.. Barbara war nicht verheirathet und ist noch jetzt eine ledige Frauensperson. Verführerisch hübsch aber und hitzigen

Temperaments soll sie gewesen sein, weshalb sie
auch nichts dagegen hatte, wenn die Mannsleute
ihr truppweise nachliefen... Daß ihr Ruf nicht
der feinste war, hat mir Baron von Alteneck
selbst erzählt..."

„Baron von Alteneck?" fragte gedehnt der
Schulhalter. „Es kam das dem Herrn nicht zu."

„Behalte Er Seine Weisheit für sich, Helfer,
und laß' Er alles Glossenmachen sein!" unter=
brach ihn der Graf abermals. „Ich sage: Bar=
bara war eine ansehnliche, angenehme, dabei aber
lockere Person, was sie durch ihr Leben auch be=
wiesen hat... Weil aber der Baron ein nach=
sichtiger Mann war, und ich als sein Freund
ihm Schonung gegen eine leichtfertige Frauens=
person anempfahl, die bei allen ihren Fehlern
doch auch eine Menge guter Eigenschaften und
mancherlei verwerthbare Talente besaß, behielt er
Barbara mitsammt ihrem Buben im Schlosse...
Hubert ward auf des Barons Kosten unterrich=
tet und erzogen, und hätte er sich nicht wider=
spenstig und unlenksam gezeigt, so könnte er
jetzt noch auf Alteneck ein Leben wie im Him=
mel führen... Meint Er nicht auch, Helfer?"

„Ich hatte keine Veranlassung, über den

Knaben Hubert mit dem Herrn Baron zu sprechen."

„Nun kurz und gut, die Frechheit des kräftig aufschießenden Schlingels, den weder Freundlichkeit noch Strenge zur Vernunft brachten, zwang meinen Freund, ihn aus seiner Nähe zu entfernen. Eine harte und strenge Schule der Erfahrung, meinte Baron von Alteneck, werde den aufsäßigen Trotzkopf, den Barbara verhätschelte, andern Sinnes, geschmeidiger und besser machen. Deshalb schickte er ihn mit Empfehlungen und ausreichenden Mitteln versehen nach Hamburg und übergab ihm der Zucht eines gewissenhaften Schiffscapitäns, damit er unter dessen Leitung sich zum tüchtigen praktischen Seemann ausbilden möge... So viel ich weiß, machte aus diesem seinem Plane Baron von Alteneck kein Geheimniß, was bei Barbara's Geschwätzigkeit auch ganz unnütz gewesen sein würde."

Tobias Helfer zog es vor, zu schweigen, da er ja nicht befugt war, eine Privatansicht des Grafen in Zweifel zu ziehen.

„Auch Ihm und den Seinigen kann die Abreise Hubert's nicht verborgen geblieben sein?" fügte Graf von Rothstein hinzu.

„Gesprochen wurde davon," antwortete der Schulhalter kühl.

„Später aber ward der Bengel vergessen, nicht wahr?"

„Vergessen von Allen wohl nicht, wenn es auch Einzelne vielleicht darunter gegeben haben mag, die sich seiner nicht mehr erinnerten. Aus den Augen, aus dem Sinn, ist eine Redensart, die bisweilen Hand und Fuß hat... Unter Umständen läßt sie sich sogar zur Richtschnur nehmen oder als Strick benutzen, um Jemandes Namen damit zu erdrosseln..."

„Ich rathe Ihm, Helfer, Seine Zunge im Zaume zu halten," bemerkte dagegen Graf von Rothstein, ohne sich beleidigt zu zeigen. „Was Er damit sagen oder andeuten will, kann ich mir denken, ich gebe Ihm aber die Versicherung und mein Wort als Edelmann, daß die skandalsüchtige Welt sich täuscht!.. Dagegen soll und kann nicht bestritten werden, daß Hubert verscholl, daß sein Name kaum mehr genannt wurde und daß Niemand mehr Nachricht von ihm geben konnte... Daß es dahin kam, war Hubert's alleinige Schuld!.."

„So hieß es, Herr Graf," versetzte Tobias, „und es glaubten es wohl Alle, die es nichts anging. Zwei Personen nur waren anderer Meinung."

„Nenne Er mir diese Personen!" sprach Graf von Rothstein. „Ich will sie wissen, weil ich sie wissen muß!"

Der Organist richtete wieder einen Blick auf ihn, den der Graf nicht ertragen konnte. Dann sagte er ruhig:

„Barbara und Clemens der Schäfer..."

Graf von Rothstein machte einen Gang durch's Zimmer und pflanzte sich dann, mehrmals die Hacken zusammenschlagend und bald den einen, bald den andern Flügel seines grauen Schnurr= bartes streichend, vor Tobias wieder hin.

„Barbara wäre ein Scheusal gewesen, hätte sie ihr Kind vergessen können, dem Schäfer da= gegen, dessen Neugierde nur Unheil anrichtete, konnte es gleichgiltig sein, ob ein Taugenichts früh oder spät, zu Lande oder zu Wasser zu Grunde ging. Wäre es wirklich geschehen, so hätte die Welt an Hubert nichts verloren. Es geschah aber nicht, und den Baron von Alteneck für todt hielt, der lebt, wie vor nicht langer Zeit ermit= telt wurde und bis zur Evidenz erwiesen ist!... Hat Er wirklich von diesem Evenement — denn ein solches ist das Wiederauftauchen Hubert's — nichts gehört?"

„Ich habe immer geglaubt, der junge Mann müsse noch am Leben sein," sagte Tobias.

„Und warum hat Er das geglaubt?" warf der Graf ein.

„Weil es eine Vorsehung giebt, gräfliche Gnaden, und eine ewige Gerechtigkeit!"

„Ein ächter Dorfschulmeisterglaube!" hohnlächelte der Graf und zuckte verächtlich die Achseln. „Nun, behalte Er immerhin Seinen Glauben, wenn er Ihm Spaß macht, es kommt auf die einzelne Meinung eines obscuren Menschen wenig an... Ungleich wichtiger ist, was nunmehr geschehen soll... Noch hat Barbara nur eine dunkle Ahnung von dem Leben ihres Sohnes, und doch leidet schon jetzt Baron von Alteneck unter den Prätensionen, die sie macht... Ihren verlorenen Sohn an das welke, aber doch noch nicht ganz erkaltete Mutterherz zärtlich zu drücken, stellt sich die halbverrückte Person sehr rührend, vielleicht auch edel und erhaben vor..."

„Das Herz einer Mutter altert nicht, so lange es klopft, gräfliche Gnaden," entgegnete Tobias, der an seine eigene Frau und die im fernen Amerika lebenden Kinder dachte. Die unendliche Wonne ganz durchzuempfinden, von welcher das Herz seiner stillen, braven, frommen und immer gottergebenen Frau überströmen müsse, in deren Genusse es vielleicht den letzten glücklichen Schlag thue, wenn sie ihre Kinder wieder sehe, mochte der von solchen Gedanken schon tief ergriffene alte Mann sich in diesem Augenblicke gar nicht zumuthen. „Wenn Barbara sich nach ihrem so lange entbehrten Sohne sehnt, macht es ihr Ehre," fuhr er fort, „und ich könnte der guten Person deshalb recht warm die knöcherne Hand drücken."

Das Gesicht des Grafen verzerrte sich zu einem so spitzbübischen Lächeln, daß es einen abschreckend komischen Ausdruck erhielt.

„Mache Er sich dieses Vergnügen, Helfer, nur bestärke Er die thörichte Person nicht in ihren albernen Annahmen und Ansprüchen," sagte er. „Baron von Alteneck ist beunruhigt, und in Folge des fortgesetzten Aergers, den Barbara's Thorheiten ihm verursachen, körperlich so angegriffen, daß eine Zerstreuung ihm noth thut... Die Aerzte rathen zu einer Reise, die auch ich für zweckmäßig halte. Es fragt sich nur, was beginnt man mit Barbara während der Abwesenheit des Gebieters?... Allein auf Alteneck kann man sie nicht schalten und walten lassen, weil das gefährlich wäre. Der junge Baron aber befindet sich auf Reisen, und da sich der selbst ein wenig sonderbar geartete junge Herr in Gesellschaft seiner excentrischen Cousine Comtesse von Allgramm wahrscheinlich nicht langweilt, so ist es noch sehr die Frage, ob er dem Rufe seines Vaters folgt und sogleich zurückkehrt, um auf Alteneck die Stelle seines Vaters zu vertreten... Einen sichern Ausweg, den ich für den zweckmäßigsten und unter den obwaltenden Umständen auch für vollkommen erlaubt halte, gäbe es zwar; allein mein Freund will davon in seiner merkwürdigen Gutherzigkeit nichts hören... Jemandem Zwang anthun, selbst wenn ihm damit eine Wohlthat erwiesen würde, hält er für ein Verbrechen. Und doch kann und darf man der unzurechnungsfähigen alten Schwätzerin nicht unbeschränkte Freiheit lassen. Sie muß, soll sie nicht hinter Schloß und Riegel gebracht und, was sie nach meinem Dafürhalten ist, wie eine geistig Irre behandelt werden, unter Aufsicht einer zuverlässigen, wohlwollenden Person stehen, ohne daß sie die Ueberwachung ahnt. Ist diese Person eine solche, gegen welche die stark eigensinnige Barbara keine Abneigung hegt, zu der sie

6*

vielmehr alsbald Vertrauen fassen dürfte, so
könnte der Baron seine Reise ziemlich sorglos
antreten. Ich habe nun meinem werthen Freunde
einen Vorschlag gemacht, den er billigt, und dies
ist der Grund, weshalb ich Ihn, lieber Helfer,
zu mir beschied... Er kann und wird aushelfen,
denn ich gebe Ihm dadurch, daß ich Seinem wei=
ßen Haare Vertrauen schenke, den Beweis, daß
ich einem braven Vater die Dummheiten eines
unlenksamen, zu allerhand Schlechtigkeiten auf=
gelegten Sohnes nicht entgelten lasse... Ist Er
geneigt, mir entgegen zu kommen, lieber Helfer?"

„Lieber Helfer!" Diese Anrede klang Tobias
so fremdartig, daß er an eine ehrliche Absicht des
Grafen, den er immer nur als einen eigensin=
nigen, rücksichtslosen, von tyrannischen Gelüsten
beherrschten Gebieter kannte, kaum zu glauben
vermochte. Da ihm jedoch einleuchtete, die unbe=
queme Barbara müsse dem Baron Furcht ein=
flößen, wenn ihr Sohn Hubert wirklich noch am
Leben und leibhaftig wieder aufgetaucht sei, so
sah er für sich selbst wenigstens keine Gefahr
in einem vorsichtigen Eingehen auf des Grafen
Verlangen. Nur wollte er dasselbe genau kennen,
ehe er sich zu einer bestimmten Zusage ver=
pflichtete.

Ein fast schelmisches Lächeln belebte die sanften Züge des alten Schulhalters, als er versetzte:

„Gräfliche Gnaden erweisen einem schwachen, hinfälligen Manne, der seinem eigenen Geschäft schon lange nicht mehr vorstehen kann, zu viel Ehre!.. Aber es ist ja meine Pflicht, Ihnen zu dienen, wenn der gnädige Herr Graf sich nur deutlicher erklären wollen..."

„Daran soll es nicht fehlen, Helfer, wenn Er nur verspricht, daß Er meinen Willen thut!.. Ich werde späterhin auch erkenntlich sein..."

„Was in meiner Kraft steht, soll geschehen, gräfliche Gnaden, meine Kraft ist aber nicht mehr groß."

Graf von Rothstein schob dem Schulhalter einen Sessel hin von derselben Form, wie er ihn selbst eingenommen hatte, und sagte mit auffallend herablassender Freundlichkeit:

„Setze Er sich, Helfer, ich sehe, das Stehen wird Ihm schwer... Bei der Wichtigkeit der Sache, um die es sich handelt und der ich mich aus Freundschaft anzunehmen verpflichtete, habe ich ganz vergessen, daß Er auf Seinen alten Füßen eine Stunde weit gelaufen ist und also müde sein muß. Entschuldige Er meine Nachlässig=

keit!... Ich selber werde auch schon etwas stumpf und bin doch wohl um zwanzig Jahre jünger... Er hat sich merkwürdig gut conservirt, lieber Helfer!..."

Tobias nahm den angebotenen Fauteuil an und erwartete schweigend die weiteren Eröffnungen des Grafen.

„Andrea, der hübsche Eigensinn, verweilt ungern auf Rothstein," fuhr dieser fort, „und macht sich dadurch ohne vernünftige Veranlassung das Leben sauer. Ich habe Alles gethan, ihr den Aufenthalt im Schlosse so angenehm wie möglich zu machen, aber die böse Natur in ihr — wie das Mädchen dazu kommt, mag Gott wissen — läßt keinen guten Vorsatz in ihr aufkommen. Daher die stete Disharmonie, in der wir leben und die auch mich bisweilen desperat machen kann... Weiberlaunen stets geduldig zu ertragen, ist schon eine Aufgabe, der sich der hundertste Mann erst völlig gewachsen zeigt. Weiberköpfe aber zurecht zu setzen, gelingt höchstens einem herzlosen Barbaren!.. In jungen Jahren wäre ich vielleicht zu solchem Versuche angethan gewesen, hätte dabei auch ein Herz brechen und ein Menschenleben zu Grunde gehen müssen... Jetzt kann ich das nicht mehr, denn ich liebe

über Alles die Ruhe und den Hausfrieden...
Es soll aber nicht den Anschein haben, als gäbe
ich einer dienenden Person nach, und wäre von
Charakter schwächer als solch ein frisches, queck=
silbernes Stück Weiberfleisch. Er wird mich ver=
stehen, Helfer!.. Ich ergreife einen günstigen
Moment, um das Mädchen, das nicht gut thut
bei mir und doch gelegentlich einmal die Galle
in mir reizen könnte, frei zu geben... Die eine
Bedingung nur habe ich, daß Andrea nicht schlecht=
hin ihren Willen bekommt! Darum wähle ich
diesen Ausweg, mit dem mein alter Freund ein=
verstanden ist... Das Mädchen bleibt in einer
abhängigen Stellung, wenn auch nur scheinbar,
denn Andrea wird gebieten, während sie
eine Dienende unter Barbara's Obhut sein
soll..."

Den Schulhalter überraschte dieser Vorschlag
des Grafen, er fand ihn aber annehmbar, wenn
das Verbleiben seiner Tochter in Alteneck sich
nicht über die Zeit der Abwesenheit des wegen
seiner Lebensweise verrufenen Barons hinaus=
erstrecken sollte. Eine darauf bezügliche Frage
stellte Tobias sogleich, denn das Entgegenkommen
des Grafen, der triftige Gründe zur Entfernung

Andrea's aus dem Schlosse haben mußte, machte ihn zuversichtlich.

„Es bleibt das Ihm und Seiner Tochter überlassen," entgegnete ausweichend Graf Rothstein. „Gefällt sich Andrea auf Alteneck besser wie hier, so wird sie aus eigenem Antriebe bleiben, zieht sie das Leben in einer engen, rauchigen Hütte dem Aufenthalt in heiteren, hohen und eleganten Räumen eines herrschaftlichen Schlosses vor, so wird Baron von Alteneck eben so wenig sich mit der Erziehung eines unverbesserlichen Menschenkindes abgeben, als ich dazu Lust und Befähigung besitze."

Tobias Helfer genügte vorläufig diese Zusage des Grafen, obwohl er auf des verstockten Mannes Wort wenig Gewicht legte. Barbara, die der Baron fürchtete und der er offenbar durch Zuführung eines jungen heitern Mädchens, das keine Ansprüche machte, ein zerstreuendes Spielzeug geben wollte, war dem Schulhalter ein hinlänglich genügender Schutz für Andrea.

„Ist meine Tochter schon unterrichtet?" fragte Tobias, dem der Boden unter den Füßen brannte. „Ihr Wille wird entscheidend sein, gräfliche Gnaden."

„Fasele Er nicht dummes Zeug!" versetzte,

in seinen gewöhnlichen harten und herrischen Ton zurückfallend, der Graf. „Ein Vater hat Gewalt über sein Kind, insbesondere über eine Tochter... Will Er, daß Andrea von Rothstein nach Alteneck übersiedelt, so muß das Mädchen Ihm gehorchen."

„Gräfliche Gnaden haben also noch nicht mit meiner Tochter gesprochen?"

„Ich zog es vor, mich dem Vater zu entdecken..."

„Erlauben gräfliche Gnaden, daß ich Andrea von Dero Wünschen in Kenntniß setze?"

„Ich will, daß Er dem braunhaarigen Trotzkopfe befiehlt, er soll packen und sich reisefertig machen! In den nächsten Tagen schon gedenkt der Herr Baron aufzubrechen."

„Ist gräfliche Gnaden das Ziel der Reise des Herrn Barons bekannt?"

„Darüber haben die Aerzte zu bestimmen, und ich denke, Ihm, lieber Helfer, kann das vollkommen gleichgiltig sein."

„Nicht ganz so gleichgiltig, als gräfliche Gnaden meinen... Ginge des Herrn Barons Reise zum Beispiel nach dem Norden, so könnte Herrn Moosdörfer's Einfluß dem gnädigen Herrn vielleicht angenehme Dienste leisten... Gefällig ist

der Mann, und wen er empfiehlt, der findet leicht
Freunde..."

Graf Rothstein lächelte höchst malitiös.

„Sehr verbunden, Helfer, für Seinen guten
Willen," entgegnete er, „ich denke aber, das
Wappen der Barone von Alteneck ist ein passe-partout in Süd und Nord, in Ost und West, und
bedarf nicht der Empfehlung eines doch immer
nur einem untergeordneten Geschäfte lebenden
Bleichers... Lasse Er sich jetzt von Jacques zu
seiner Tochter führen und verlasse Er sie nicht
unverrichteter Sache!..."

Nachlässig wendete Graf von Rothstein dem
Organisten den Rücken, trat an's Fenster, strich
sich den Schnurrbart und schlug von einem Augenblick zum andern die Hacken zusammen. Den
vielen tiefen Bücklingen des sich empfehlenden
Schulhalters schenkte er keine Aufmerksamkeit.

5.
Ein Fund Andrea's.

„Vater! Mein Vater!" rief Andrea, von ihrem Sitze aufspringend und sich dem alten Manne, den sie viele Monate nicht mehr gesehen hatte, an die Brust werfend. Sie lachte und weinte vor Aufregung und Freude; sie küßte seine Stirn, sein Silbergelock und befühlte mit zitternder Hand die hageren Wangen des Schulhalters, der seine Augen ebenfalls feucht werden fühlte. Wie bist Du unbemerkt in's Schloß gekommen?" fuhr sie fort; „wie ist es Dir gelungen, mein Zimmer zu finden?... Ich zittere, wenn ich denke, der Graf könne Deine Anwesenheit erfahren!..."

„Fasse Dich, Kind, fasse Dich! Ich habe nichts zu besorgen," erwiderte Tobias und führte

die Tochter zu dem niedrigen Polsterschemel zu=
rück, auf dem sie strickend gesessen hatte. „Ich
bin mit Bewilligung des Grafen hier; er hat
mich in's Schloß befohlen, damit ich Dich spreche,
Dich fragen möge, ob Du es vorziehst, in an=
dere Verhältnisse zu treten?"

„Das hat Graf Rothstein gethan?" entgeg=
nete Andrea und sah ihren Vater aus großen
Augen verwundert, ja fast erschrocken an. „Wenn
dem so ist, und es muß ja so sein, da Dein
wahrheitsliebender Mund mir diese frohe Bot=
schaft verkündigt — dann muß des Grafen ver=
steinertes Herz die Geisterstimme erweicht haben,
die sich jetzt häufiger als sonst im Schlosse hö=
ren läßt!... Der Graf fürchtet sie, ich weiß es,
aber er besitzt eine wilde Kraft des Widerstan=
des, die ihm Vergnügen macht, wenn er einem
Unerreichbaren Trotz bieten kann, der wenigstens
nicht Macht über sein Leben sich anmessen
darf!..."

„Liebe Tochter," sprach Tobias Helfer, indem
er das lang entbehrte Kind, das in seiner hal=
ben Gefangenschaft nur noch schöner geworden
war, wiederholt an sein Herz drückte, „ehe ich
Dir mittheile, was den Grafen veranlaßte, mich
zu sich zu entbieten, mußt Du mir Aufklärung

über ein dunkles Gerücht geben, das Einer dem Andern erzählt, seit Du zuerst davon gesprochen hast. Im vorigen Winter schon hörte ich Moosdörfer, unsern gemeinsamen Freund, Andeutungen darüber machen; was es aber mit dem Umgehen auf Rothstein, wie die Leute sagen, für eine Bewandniß hat, weiß ich nicht, und deshalb erwarte ich von meiner gehorsamen Tochter, daß sie sich gegen ihren Vater offen erklärt! Der Graf stört unsere Unterhaltung sicherlich nicht. Es ist sein Wunsch, daß Du ihn verläßt, aber er will großmüthig in den Augen der Welt erscheinen und in gutem Frieden von Dir scheiden."

Andrea senkte eine Weile ihr rosig angehauchtes Gesicht, ehe sie das klare Auge dem alten Vater wieder zuwandte, seine Hände küßte und mit mädchenhafter Schüchternheit erwiderte:

"Belügen kann und will ich Dich nicht, bester Vater! Dennoch weiß ich auch nicht, ob ich recht thue, wenn ich offen von den Geheimnissen Rothstein's spreche... Du mußt verschwiegen sein wie das Grab, Vater! Selbst die Mutter darf von diesem unserem Gespräche nicht einmal eine Ahnung haben, noch weniger dessen Inhalt erfahren!..."

„Erzähle getrost, was Du mir zu sagen hast," sprach Vater Tobias, „Du hast einen verschwiegenen Zuhörer..."

Andrea schmiegte sich eng an den Vater, legte ihren Kopf an seine Schulter und berichtete mit leiser Stimme Folgendes:

„Der Graf muß in früheren Jahren ein schweres Verbrechen begangen haben, das ihn jetzt, wo er alt zu werden beginnt, und der Freuden und Zerstreuungen, deren er sich früher hingegeben haben mag, immer weniger werden, täglich mehr ängstigt. Daß es im Schlosse umgehen solle, hörte ich schon als Kind, ohne mir irgend etwas dabei zu denken. Später, als ich begriff, was das Wort „Umgehen" zu bedeuten habe, hielt ich das ganze Gerücht für eine Erfindung müssiger Köpfe oder übelwollender Menschen. Eigentliches Interesse nahm ich schon deshalb nicht an dem immer von Neuem auftauchenden Gerücht, weil es so viele alte Schlösser giebt, von denen man sich Aehnliches erzählt. Selbst in Chroniken erinnere ich mich häufig von dergleichen gelesen zu haben. Bald nach meinem Eintritt in's Schloß aber lernte ich anders darüber denken, ohne mich der von allen Uebrigen getheilten und hartnäckig vertheidigten

Meinung hinzugeben, es rühre das, was ich höre, von übernatürlichen Wesen her. Du hast mich gelehrt, es gäbe keine Gespenster, die uns schrecken, verfolgen oder schädigen könnten; darum glaubte ich auch nicht an Gespenster, als ich in diesem Schlosse Töne vernahm, die wohl geeignet gewesen wären, mich zu schrecken und mit Furcht und Angst zu erfüllen... Ja, Vater, wer sich nicht rein fühlt von Schuld, der muß glauben, es hausen Geister auf Schloß Rothstein, denn so lange das Jahr währt, vergeht selten eine Nacht ganz ruhig. Selbst der Tag bleibt von dem unsichtbaren Unholden, dessen Gelächter offenbar nur dem Grafen gilt, nicht immer verschont!..."

"Was bringt Dich auf die Vermuthung, daß jenes Geräusch, von dem sich eben das Volk nach den Mittheilungen derer, welche früher auf dem Schlosse als Dienende lebten, so viel erzählt, gerade dem Grafen und nur diesem allein gelten soll?" fragte der Schulhalter, da Andrea eine Pause machte.

"Ich schließe das aus dem Verhalten des Grafen dem genannten Geräusch gegenüber, das sich so oft wiederholt und so häufig seine Stelle wechselt," fuhr Andrea fort. "Ich glaube sogar, daß Graf Rothstein sehr genau die Person kennt, welche die Veranlassung oder die Anstifterin namentlich des Gelächters ist, das in stiller Nacht so schauerlich fast in allen Corridoren des Schlosses wiederhallt..."

„Wenn der Graf darum wüßte, sollte er denn nicht Mittel besitzen, den Unhold, der auch Schuldlose erschrecken und in Angst versetzen kann, zu vertreiben oder auf irgend eine Weise unschädlich zu machen?"

„Die nämliche Frage, bester Vater, habe ich mir selbst mehrmals, besonders im Anfange meines gezwungenen Verweilens auf Rothstein, vorgelegt," entgegnete Andrea. „Was ich inzwischen beobachtete, hat die Ueberzeugung in mir befestigt, daß die Bannung dieses Unholdes nicht von dem Grafen abhängt."

„Und dennoch behauptest Du, der bedauernswerthe Mann kenne den Störer des Friedens im Stammsitz seiner Ahnen?"

Andrea's Stirn legte sich bei dieser Frage ihres Vaters, die sie zu mißbilligen schien, in kleine Falten.

„Du würdest den Grafen nicht bedauern, wenn Du seinen Charakter und seine Neigungen so genau kenntest wie ich," versetzte sie. „Du

wirst Dich doch des großen Festins im vorigen
Winter erinnern, das ganz Hohen=Rothstein schon
darum in Aufregung versetzte, weil man Aehn=
liches seit ewig langen Jahren nicht erlebt hatte.
Damals erst lernte ich alle Räume des Schlosses
kennen, weil der Graf wegen der nöthigen Vor=
bereitungen zur Aufnahme seiner Gäste mir
größeres Vertrauen schenken und größere Frei=
heit der Bewegung gestatten mußte. Aus jener
Zeit schreibt sich mein Wissen…"

„Worin besteht dies Wissen?" fragte Tobias,
da seine Tochter abermals eine Pause machte.

„In zwei Dingen," fuhr sie fort. „Zunächst
lernte ich den Grafen als einen Mann kennen,
der in der Einsamkeit viel mit sich selbst spricht,
gewöhnlich sehr leise, manchmal aber auch laut ge=
nug, um abgerissene, leider meistentheils zusammen=
hangslose Worte seiner Selbstgespräche verstehen
zu können, und sodann machte ich die Entdeckung,
daß der nächtliche Friedensstörer nicht im Schlosse
lebt, daß es ihm aber auf einem Wege zugäng=
lich sein muß, den Graf Rothstein selbst nicht
kennt. Diese Unkenntniß macht ihn oft schwer=
müthig, bisweilen aber entflammt sie ihn auch
zur unbändigsten Wuth, in der er jede ver=
brecherische That begehen könnte. Erhält die

melancholische Stimmung die Oberhand, so wird sein Selbstgespräch zur Bitte, und die Angst seiner in Todesqualen ringenden Seele verräth sich in jedem Wort, das seinen Lippen unwissentlich entschlüpft!..."

"Mädchen, Mädchen," fiel kopfschüttelnd der greise Schulhalter ein. "Du fabelst mir da Dinge vor, die wahrscheinlich nur in Deinem eigenen Köpfchen existiren, und welche die Furcht Dir vorspiegelt!... In großen, hallenden Gebäuden, welche von verhältnißmäßig nur wenig Personen bewohnt werden, giebt jedes Möbel, jedes undicht gewordene Fenster, jede unverschlossene Thür und jede Treppe Töne von sich, aus denen eine lebhafte, jugendliche Einbildungskraft alles Mögliche heraushören kann... Deine Phantasie machte mir schon Sorge, als Du noch Kind warst! Du sahst in jedem schwankenden Blatt ein beseeltes Geschöpf, und wolltest nie begreifen, daß ein Schatten kein greifbarer Körper sei!... Ich fürchte, was Du mir eben erzähltest, wird sich ungefähr auf denselben Ursprung zurückführen lassen..."

"Diesmal, bester Vater, muß ich Dir widersprechen," entgegnete Andrea. "Meine Phantasie kann mich bisweilen auch jetzt noch täuschen, das gebe ich willig zu, was aber Alle hören, was auch die Nüchternsten stutzig macht, kann unmöglich ein Traum der Einbildung sein, oder ein Ton, der aus jedem Einzelnen in ganz gleicher Weise und in einem und demselben Augenblicke herausklingt! Dieser Ton ist die Stimme eines Menschen, die um Gerechtigkeit, um Vergeltung, um Rache zum Himmel schreit, und der Graf kennt wenigstens die Bedeutung derselben!"

Tobias war noch immer nicht überzeugt.

„Wenn irgend ein unversöhnlicher Feind ihn verfolgt, um Rache an ihm zu nehmen oder ihm das Leben dadurch zu vergiften, daß er ihn mit allerhand Schrecknissen umgiebt, dürfte der Graf nur seinen Wohnort wechseln," warf er ein. „Er ist unabhängig, ein Feind aber, der sich nur hören, nicht sehen läßt, besteigt keinen Reisewagen als blinder Passagier."

Andrea blieb ihrem Vater auf diesen Einwurf eine Antwort schuldig. Leichtfüßig sprang sie auf, öffnete eine kleine verschnörkelte Truhe, die ihr die Mutter zu sicherer Verwahrung ihrer wenigen Werthsachen mitgegeben hatte, und entnahm derselben einige Papierstücke, die sie dem Vater darreichte.

„Was hast Du da?" fragte Tobias und

blickte die schalkhaft lächelnde Tochter besorgt an. „Du vergreifst Dich doch wohl nicht an fremdem Eigenthum?"

„Ich hob nur auf, was der Graf in Augenblicken, wo der Zorn mehr Gewalt über ihn bekam, als die Melancholie, vernichtete und wegwarf," entgegnete Andrea. „Es sind Papiere, Briefschaften, glaube ich, welche den Grafen vermuthlich an Zeiten und Begebenheiten erinnern, die er in seinem Gedächtniß gern auslöschen möchte... Ich will nicht läugnen, Vater, daß es bloße Neugierde war, die mich einen verwegenen Griff in des Grafen Papierkorb thun ließ. Wie Du siehst, bin ich dafür auch verdientermaßen bestraft worden. Ich kann das spitzige Gekritzel nicht lesen. Eine Frauenhand aber muß diese wunderlichen Buchstaben auf's Papier gemalt haben..."

Tobias betrachtete mit Aufmerksamkeit die aus unregelmäßigen Stücken sehr festen und feinen, im Laufe der Jahre aber gelb gewordenen Papieres bestehenden Schätze, deren sich Andrea aus leicht verzeihlicher Neugierde bemächtigt hatte. Es ging ihm aber gerade so, wie seiner Tochter. Der gutmüthige Schulhalter, der Katechismus und Bibel vortrefflich inne hatte und auch sonst

noch allerhand nützliche Kentnisse besaß, war kein
Gelehrter. Den Schlüssel zu irgend einer frem=
den Sprache hatte ihm der Bildungsgang seines
Lebens verweigert!.. Er starrte die unverständ=
lichen, ja unleserlichen Schriftzüge auf den zer=
rissenen Papieren ganz so rathlos an wie Andrea,
schüttelte wiederholt das silberumlockte Haupt und
sagte traurig:

„Das hat man davon, wenn man in der
Jugend keine Gelegenheit fand, Kenntnisse ein=
zusammeln!.. Hier bin ich mit meinem Latein
zu Ende!.. Was da steht, kann ich nicht lesen,
und was in dem Gekritzel für ein Sinn verbor=
gen liegt, das werden die wenigen Gelehrten in
Hohen=Rothstein, Ober= und Nieder=Rense schwer=
lich ermitteln, sollten sie auch ein ganzes Jahr
lang darüber studiren!.. Was hältst Du von
diesen Blättern, liebes Kind?.. Ihr klugen Eva=
töchter habt oft Gedanken, die uns gröber orga=
nisirten, schwerfälligen Männern gar nicht ein=
fallen... Meinst Du, ich solle das uns vollkommen
nutzlose Zeug dem Grafen wieder einhändigen,
ehe Du von ihm gehst?.."

Andrea hätte diese naive Frage ihres Vaters
beinahe durch respectwidriges Lächeln beantwortet.

„Im Gegentheil," sagte sie; „ich denke viel=

mehr, es liegt in diesen zerstückten Papieren der einzige reelle Gewinn, den ich für mich und vielleicht auch für Andere, die uns fern stehen, denen wir aber zu nützen berufen sein mögen, aus Schloß Rothstein mitnehme... Unsere erste Sorge wird freilich sein müssen, die uns unverständlichen Schriftzüge zu entziffern... Französisch oder Englisch sieht anders aus, nicht wahr, Vater?"

„Mir sind solche Buchstaben noch nie zu Gesicht gekommen," erwiderte Tobias. „Wie dumm, wie dumm, daß man so wenig gelernt hat!... Aber da geht mir plötzlich ein Licht auf, das uns nicht irre führen wird!... Der Sohn des Schulzen von der Einöd' ist ja ein schrecklich großer Gelehrter!... Es soll gefährlich sein, mit ihm wie mit einem ganz gewöhnlichen Menschen umzugehen... Und ist doch nur eines mittelgroßen Bauers Sohn!... Da sieht man recht, welche Veränderungen Lernen und Wissen in einem mit Verstand begabten Menschenkinde hervorbringen!... Der gelehrte junge Herr könnte uns klug machen, das heißt, wenn's keine Sünde ist!..."

„Sünde, Vater?" unterbrach den schon wieder auf schwere Bedenken stoßenden ehrlichen Schulhalter die minder ängstliche Tochter. „Wie kann

man Sünde thun, wenn man sich bei einem
Klügeren Raths erholt... Dann müßte ja alles
Lernen auch Sünde sein!..."

"Schon recht, Töchterchen," fiel Tobias ein,
die einzelnen Stücke der eng beschriebenen Pa=
piere vorsichtig zusammenlegend. "Das Fragen
halte ich just nicht für sündhaft, aber das, was
wir durch solches Fragen vielleicht ermitteln
können, soll doch gewiß nicht Jedermann er=
fahren... Der gelehrte Schulzensohn ist ein
lustiger Bursche!... Er kann's Plaudern nicht
lassen... Und will er sich nicht Jedermann ver=
ständlich machen, so spricht er in Versen...
Wundersam, wundersam!... Was manchen Men=
schen doch für Gaben so ganz umsonst vom lieben
Herrgott verliehen werden!... Ist's nicht am
Ende schlecht, wenn solch' junger Fant, wäre er
auch weise wie König Salomo und gelehrt wie
Doctor Luther, der ganz allein die ganze Bibel
verdeutschte, Geschichten erführe, die ihn weniger
noch als uns angehen?"

Andrea besaß genug natürlichen Verstand und
weiblichen Tact, um einzusehen, daß man leicht
wider Willen eine Indiscretion begehen konnte,
wenn man einen Mann von dem heitern Tem=
peramente Anton Wacker's, den die Tochter des

Schulhalters fast nur dem Namen nach kannte, Blicke in Verhältnisse thun ließ, die sie ja selbst nicht kannten. Darum wissen lassen wollte der Graf jedenfalls Niemand; er würde sonst nicht, wenn er unbeobachtet zu sein glaubte, der Vernichtung anheim gegeben haben, was ehedem doch Werth für ihn gehabt haben mochte. Den feinen, von dunkelm Haar umhüllten Kopf ein wenig senkend, sagte das junge Mädchen nach kurzem Sinnen lebhaft:

„Ich weiß Rath, Vater!... Der Sohn des Schulzen von der Einöd' soll diese Papiere, die ich jetzt als mein Eigenthum betrachte, nicht sehen; es soll überhaupt nur Einer noch außer uns Beiden Kenntniß davon erhalten. Ich meine den Schäfer bei der Feengruft!..."

Tobias umhalste und küßte die kluge Tochter.

„Das ist der rechte Mann und der sicherste Helfer in der Noth," sprach er. „Ich bin stolz, ein so gescheidtes Kind zu besitzen!... Lotto-Clemens ist zwar auch kein Gelehrter und wird diese Schriftzüge schwerlich geläufig lesen; aber er wird uns, bekannt mit des Grafen Vergangenheit, sagen können, ob seinem Brodherren schriftliche Aufzeichnungen dritter Personen gefährlich werden können?..."

So sprechend, verbarg Tobias die von seiner Tochter ihm überlieferten Papierstücke in seinem Rock und knöpfte diesen fest zu, damit sie ihm ja nicht verloren gingen.

"So!" sprach er. "Das wäre in Ordnung... Warum sich der Herr Graf, der thun und lassen kann, was ihm beliebt, weil er ein reicher und mächtiger Herr ist, an bekritzelten Papieren vergreift, daß ihm die Galle überläuft, wollen wir mit der Zeit durch Hilfe des Schäfers wohl erfahren. Jetzt, mein Kind, sag' an: wie hast Du's mit Deinem Abschiede von hier?"

"Ich begleite Dich, Vater!"

"Das geht nicht, Kind!... Der Graf, Dein Herr, würde es übel vermerken und Dich am Ende gleich wieder festhalten... Freundlich, in Frieden mußt Du von ihm entlassen werden, sonst wirst Du nicht dauernd frei... Bei uns aber, Kind, darfst Du höchstens eine Nacht zubringen, um Dich mit der guten Mutter wieder einmal recht von Herzen aussprechen zu können... Die liebe, alte Mutter, die von solcher Ueberraschung gar keine Ahnung hat, wird Augen machen!... Bist Du nicht neugierig, wohin ich Dich führen will?"

"Wie sollte ich!" entgegnete Andrea mit

warmem Dankesblick. „Du bist mein lieber,
guter Vater, und kannst nur mein Bestes
wollen."

Sie umschlang den Schulhalter mit beiden
Armen und hing, die klaren, seelenvollen Augen
lächelnd zu ihm empor gewendet, an seinem
Nacken, wie ein in Liebe bittendes Kind.

„Nach Alteneck geht's, Kind," sprach er und
klopfte Andrea sanft die rosige Wange. „Ja,
ja, nach Alteneck, wenn Du auch noch dreimal
heftiger zusammenschrecken solltest... Ehe Du
jedoch einziehest, packt der Baron den Koffer und
kutschirt in seinem Reisewagen weit weit in die
wildfremde Welt hinaus!... Nein, Töchterchen,
aus der Löwengrube in die Tigerhöhle schleppt
der alte Schulhalter von Hohen=Rothstein kein
unschuldiges, schwaches Mägdelein, wäre es ihm
auch nicht so fest an's Herz gewachsen, wie Du!..
Die Else errettete der arme Spät, und mußte
dafür sein Vaterland fliehen; meine Tochter soll
in den Hallen von Alteneck keiner Versuchung
ausgesetzt sein... Du hast nichts zu thun, als
Barbara, der wunderlichen Dame mit dem gol=
denen Horne, Gesellschaft zu leisten, und was
sie Dir erzählt — verstehst Du, Kind — das

muß der Welt eben so geheim gehalten werden, wie diese Unterredung unter vier Augen!"

Andrea hob sich auf die Fußspitzen und besiegelte das Verlangen ihres Vaters, der seit Jahren keinen so glücklichen Tag verlebt hatte, mit einem langen, innigen Kusse.

•

6.
Hangen und Bangen.

Der Tag war schwül gewesen, und Georg Rauerz hatte, mit Geschäften überhäuft, angestrengt arbeiten müssen. Gern wäre er weniger thätig gewesen, da er fühlte, Geist und Körper seien einer Erholung bedürftig, aber die an ihn einlaufenden Briefe lauteten ohne Ausnahme so dringend, daß er es mit seiner Gewissenhaftigkeit nicht in Einklang bringen konnte, wenn er sich Ruhe gönnen wollte, ehe er sagen durfte, er habe in jeder Beziehung seine Pflicht gethan.

So entging dem Agenten des Hauses Schmalbacher und Comp., das Rauerz in Venedig vertrat, mancher Genuß, dem seine Freunde sich mit ganzer Seele und zu jeder Stunde hingeben konnten. Dieses Gebundensein machte ihn manch=

mal unzufrieden mit seiner Stellung, obwohl
ihm diese ungleich mehr Freiheit der Bewegung
gestattete, als den meisten Geschäftsleuten. Georg
aber hatte nun einmal zuerst im Umgange mit
Comtesse von Allgramm und Horatio von Alteneck die Annehmlichkeiten eines Lebens kennen
gelernt, welches jeden Tag nach der Form um-
bildet, die der eigene Wille sich schafft, daß es
ihm schwer fiel, selbst eine leichte Fessel, die ihn
früher nie gedrückt hatte, zu tragen. Neuerdings
waren nun noch die beiden aus Lucca eingetrof-
fenen vornehmen Russen dazu gekommen, zu denen er sich der Landsmannschaft wegen hingezo-
gen fühlte. Denn lag über seine Abstammung
auch ein Schleier gebreitet, so machte Georg doch
auf den Namen eines National-Russen Anspruch, da sein Adoptivvater, wie er bestimmt
wußte, mit Leib und Seele Russe gewesen war.

Fürst Gudunow und Graf Jermak, die sich
beide an die deutsche Comtesse und deren Vetter
anschlossen, sahen den jungen Geschäftsmann, der
die Welt durch seine Reisen kennen gelernt hatte,
einen scharfen Blick und gesundes Urtheil besaß,
und über viele Dinge weit besser als sie selbst
unterrichtet war, ebenfalls gern um sich. Er
ward vermißt, wenn er nicht um die gewöhnliche

Stunde mit seinen auf dem Markusplatze promenirenden Freunden zusammentraf, oder wo sonst man sich ein Rendezvous zu geben versprochen hatte.

Rauerz konnte dies nicht verborgen bleiben, und es befiel ihn daher stets eine recht peinigende Unruhe, so oft etwas Störendes zwischen Pflicht und Versprechen trat und ihn fern von den Freunden hielt. Venedig, dessen einzige Lage, dessen Reize und Zauber er nicht unterschätzte, und das ihm von Anfang an durch seine große Vergangenheit Stoff zum Nachdenken wie zum Forschen gegeben hatte, wenn seine Geschäfte ihm Letzteres erlaubten, war ihm jetzt erst ein wirklich angenehmer Aufenthaltsort geworden. Ihn schwindelte, wenn er der Zeit gedachte, wo die, mit denen er jetzt so innig zusammenlebte, abreisen würden, und er gab sich deshalb die größte Mühe, diesen unangenehmen, ja quälenden Gedanken sich möglichst fern zu halten.

Ganz ohne Schatten aber und ohne oft recht tiefe und dabei unerquickliche Aufregung war dies freudenvolle Leben, das Georg Rauerz gern in's Unendliche hätte verlängern mögen, doch nicht für ihn. Fürst Gudunow, obwohl um viele Jahre älter als Georg, machte auf den jungen

Agenten den Eindruck eines Mannes, vor dem
er, wolle er stets in Frieden mit ihm leben,
auf seiner Hut sein müsse. Es war zwar noch
keine Aeußerung von dem vornehmen Russen ge=
fallen, von welcher Rauerz sich auch nur entfernt
hätte verletzt fühlen können, und doch hatte er
die Ahnung — oder er bildete es sich wenigstens
ein — der Fürst wolle ihm trotz seines freund=
lichen Wesens nicht wohl.

Diese Voraussetzung war eine irrige, ließ
sich aber leicht erklären. Comtesse von Allgramm
war mit Georg Rauerz länger bekannt, wie mit
den russischen Herren. Die Art und Weise, wie
Maximiliane mit denjenigen, die ihr gefielen,
umzugehen pflegte, hatte insbesondere für junge
Männer von geistiger Bildung etwas so un=
widerstehlich Berückendes, daß auch die schärfsten
Pfeile ihrer Rede und die rücksichtslosen Bemer=
kungen, die sie sich jederzeit erlaubte, noch ein
angenehm prickelndes Gefühl erweckten. Es fühlte
sich geehrt, ausgezeichnet, wen Comtesse von Al=
gramm auf solche Weise mit lächelnder Grazie
bald sanft umschmeichelte, bald unbarmherzig die
scharfen Spitzen ihrer Geißel fühlen ließ. Georg
glaubte sich zu diesen Ausgezeichneten zählen zu
dürfen, und war stolz darauf... Er freute sich

immer von Neuem auf die Stunde, die ihn wieder
mit der ewig heitern, zu den ausgelassensten Scher=
zen und den kecksten Bemerkungen stets aufgelegten
Comtesse zusammenführte. Maximiliane war
Georg's letzter Gedanke, wenn er sich, oft erst tief
in der Nacht, zur Ruhe begab, und der erste,
wenn ihn früh die gellenden Stimmen der Aus=
rufer weckten. Auch wollen wir nicht verschweigen,
daß das zauberische Bild der schönen Gräfin in
den Träumen des jungen Geschäftsmannes seit
Kurzem eine wichtige und ihn höchlichst beglückende
Rolle zu spielen begann.

Aus Caprice hatte Maximiliane von All=
gramm den ihr nicht ebenbürtigen Georg Rauerz
aufgefordert, ja gezwungen, sie vertraut wie ein
Bruder zu behandeln. Sie verstattete, mit alleiniger
Ausnahme der Anrede durch „Du", ihrem Vetter
Horatio keine größeren Freiheiten im Umgange
wie Georg. Daß sich dieser dadurch für einen
von der schönen Comtesse Bevorzugten hielt, wer
hätte es dem strebsamen, in seinem Fache über=
aus tüchtigen Manne zum Vorwurfe machen
mögen!

Die neuen Bekanntschaften änderten zwar in
Maximiliane's Umgangsweise nicht das Geringste,
allein wo Drei sich um die Gunst einer Dame

bewerben und es schon aus Courtoisie für ihre Pflicht halten, das möglichst Vollendete in der schweren Kunst angenehmer Unterhaltung zu leisten, kann die Aufmerksamkeit einer so Gefeierten immer nur eine getheilte sein. Maximiliane machte es wohl zuweilen Vergnügen, gerade einen Mann, den sie für gewöhnlich auszeichnete, aus reinem Uebermuth zu verletzen, gegen die Sitte im Allgemeinen, gute Unterhaltung durch dankbare Aufmerksamkeit zu belohnen, würde sie nie verstoßen haben.

Hatte sonach Comtesse von Allgramm den ihr zusagenden Georg nicht anders behandelt, wie sie eben Alle behandelte, an denen sie einiges Wohlgefallen fand, so gab sie dadurch allein doch dem viel beschäftigten Agenten auch keinen Anlaß, sich auf diese Freundlichkeit der Gräfin etwas einzubinde. Dennoch beschlich Georg ein, der Eifersucht nahe verwandtes Gefühl, als er den Fürsten die von Allen verehrte Dame, die schon längst überall, wo sie sich zeigte, Aufsehen machte, mit jener Sicherheit unterhalten sah, welche die Erziehung in bevorzugten Kreisen vor dem Erlernen, wozu erst das Leben dem nicht im Glück Geborenen Gelegenheit giebt, in der Regel voruas hat.

Georg ward mit einem Worte eifersüchtig auf den reichen Fürsten. Er sah für seine Person in dem vornehmen Russen einen Rivalen, den er seiner Stellung wegen fürchtete. Denn daß Maximiliane von Allgramm nicht gleichgiltig sei gegen Rang und Geburt, daß sie trotz aller ihrer oft barocken Launen, die sie bewegen konnten, neben einer Bettlerin niederzuhocken, und ihr Brod mit der Aermsten zu theilen und schwesterlich liebevoll mit ihr zu plaudern, doch eine Aristokratin reinsten Wassers war, hatte der scharf blickende Rauerz längst bemerkt.

Fürst Gudunow gab indeß dem unterrichteten, mit den Umgangsformen der besten Gesellschaft vollkommen vertrauten Rauerz keine Gelegenheit, Beschwerde über ihn zu führen, und Maximiliane blieb die reizende Zauberin, die sich wie immer von den Eingebungen des Augenblickes bestimmen und leiten ließ.

Dachte Georg vorurtheilsfrei über seine Lage nach, in die ihn ein glückliches oder unglückliches Zusammentreffen von Umständen gebracht hatte, so mußte er sich selbst ausschelten und Besserung geloben. Das Verhalten des Fürsten gegen die Comtesse wie gegen ihn war vollkommen correct. Es konnte nicht zur leisesten, wirklich be=

gründeten Mißstimmung, viel weniger zu einer
feindlichen Begegnung zwischen zwei Männern
führen, die einer Dame nur gleiche Opfer der
Hochachtung darbrachten.

Georg Rauerz hatte Zeit gehabt, über dieses
Thema, das seit einiger Zeit sein ganzes Den=
ken erfüllte, sehr reiflich bei den mechanischen
Geschäften nachzudenken, die in Folge dringender
Briefe seines Hauses für ihn zu erledigen blie=
ben. Er war auch fest entschlossen, anders zu
werden, in dem Fürsten einen tadellos braven
Mann, und in der Comtesse eine hohe Freundin
von seinem Geist und seltener Herzensgüte zu
erblicken. So oft aber sein Blick auf die Pur=
purfluth der Adria fiel, die jetzt Hunderte von
Gondeln, welche außer seinem Gesichtskreise blie=
ben, schaukeln mußte — es ward nämlich von
den Gondolieren der Dogenstadt eine Regatta
abgehalten — wallte der Groll von Neuem in
seinem Herzen gegen den glücklichen Fürsten auf,
der jetzt vielleicht in bequemer Barke an Mari=
miliane's Seite saß, dem Ruderkampfe der bunt=
geschmückten Gondoliere aus einem und demselben
Fenster, von der durchschimmernden Gardine
halb verdeckt, zusah, und den süßen Duft ihres
Athems von der heiter plaudernden und immer

8*

beglückend lächelnden Lippe einsaugen durfte. —
Es war eine ganz verzweifelte Stimmung, in die
sich der ermüdete Georg hinein gegrübelt hatte,
als ein linder Windhauch, der den funkelnden
Spiegel des prächtigen Meeres kaum leise er=
zittern machte, ihm einen lauten Jubelruf zutrug,
der entweder einem glänzenden Siege oder dem
Ende der ganzen Festlichkeit galt.

„Ich werde an der Piazzetta der Rückkehren=
den warten," sprach Georg zu sich selbst, kleidete
sich um, bestieg die Barke, die ihn von der In=
sel Murano nach der Stadt zurückgebracht hatte,
und ließ sich durch die Kanäle nach der Riva
rudern, auf der wie immer ein dichter Menschen=
strom auf und ab wogte.

Es gewährte einen malerischen Anblick, an
dem sich Georg immer von Neuem erfreute, wenn
die bunte Menge die verschiedenen, hoch aufge=
stuften Brücken überstieg, welche über die Ca=
näle führen, und die schönste Promenade Vene=
digs, die Riva bis hinaus zu den öffentlichen
Gärten, zu einer einzigen, breiten Straße
machen.

Die Lagunen waren mit größeren und klei=
neren Barken, zwischen denen die schmalen,
langen schwarzen Gondeln mit ihren breiten,

gezackten Schwertern, die in der hellen Luft wie
Silberstreifen funkelten, pfeilschnell hin und wie=
der schossen, wie besät.

Georg sah, daß halb Venedig in den Ge=
wässern des Malamocco gewesen sein mußte,
denn an den Landungsplätzen stießen sich unter
schreienden Zurufen ihrer Führer, von denen
Viele, namentlich die Jüngeren, das schwarz=
lockige Haar mit der in Venedig allgemein üb=
lichen rothen oder blauen langquastigen Mütze
bedeckt hatten, welche dem türkischen Fez voll=
kommen ähnelt und dem niedrigen Volke der
Lagunenstadt, wo man es in Menge versammelt
findet, ein so stark orientalisches Gepräge giebt,
unzählige Gondeln und Barken.

Wie sehr aber auch der junge Agent sein
Auge anstrengte, um unter dem Geschwader der
heimkehrenden Fahrzeuge, die ohne Ausnahme
gerudert wurden, die Barke oder Gondel seiner
Freunde zu entdecken, es wollte ihm nicht ge=
lingen. Das Gewimmel war zu groß, die Be=
wegung der einzelnen Fahrzeuge eine zu schnelle,
um dem suchenden Blicke ein festes Ziel darzu=
bieten. In unmittelbarer Nähe der Landungs=
plätze aber wollte er sich nicht aufstellen, weil

das hier versammelte Publikum ein gar zu ge=
mischtes war.

So zog er sich denn auf die Piazzetta zurück,
von wo aus er nach allen Seiten hin sowohl
das nahe Meeresufer, wie die Eingänge zu dem
Dogenpalast und der Markuskirche übersehen
konnte.

Die Zeit begann dem Harrenden lang zu
werden, denn die Erwarteten wollten keiner der
landenden Barken und Gondeln entsteigen.
Waren sie vielleicht schon vor ihm angekommen,
oder hatten sie das unvergleichlich schöne Wetter
und die Spiegelglätte der See zu einer weite=
ren Meerfahrt benutzt, um das Bild der alten
Wunderstadt mit ihren vielen Thürmen und
Palästen unter glühenden Sonnenküssen in's
Meer versinken und die heilige Nacht ihren
Sternenschleier über die Versinkende ausbreiten
zu sehen?

Wohl an dreißig Male schon war Georg an
der Front von Palast und Kirche entlang ge=
schritten, ein Weg, der ihm auch einen Ueber=
blick des weiten Platzes gestattete, und noch
immer gewahrte er die Freunde nicht, nach denen
er eine heftige Sehnsucht empfand. Da fiel ihm
ein, daß Fürst Gudunow am vergangenen Abend

lebhaft bedauert hatte, den Markusthurm noch
nicht besteigen zu können, weil er sich einen Ge=
nuß doch nicht allein gönnen wollte, an welchem
Theil zu haben sein älterer Freund durch sein
Leiden verhindert sei.

Maximiliane von Allgramm hatte nach ihrer
gewöhnlichen Art dem Fürsten offen in's Gesicht
gelacht, ihn aber gleich darauf einen Heros der
Entsagung genannt und als solchen das ruhige
Verzichten auf einen Genuß, nach welchem Hun=
derte ein ganzes Leben lang vergebens schmachten,
bewunderungswürdig genannt. Es ging ihr
diese Bezeichnung auch wirklich von Herzen; sie
selbst kannte das Wort Entsagung nicht, und
war weit mehr geneigt, denjenigen, welcher sich
im Entsagen übte, für einen simplen Menschen
von höchst mittelmäßigen Anlagen, als für einen
großen Geist zu erklären. Diese Theorie ließ
sich jedoch nicht auf den sehr intelligenten Für=
sten anwenden, der ihr schon oft durch bloße
Aeußerungen wie durch Urtheile imponirt hatte.
Bei alledem ließ sie ein wenig Aerger über das
Verhalten des Grafen Jermak durchblicken, der
ein so großes persönliches Opfer von dem um
Vieles jüngeren Freunde wie eine Pflicht hin=
nahm.

„Da ließe sich Rath schaffen," hatte Horatio, der Anderen zu Liebe sein Vergnügen sich auch nicht gern stören ließ, gesagt. „Die Treppe, welche zur Zinne dieses Riesenthurmes hinauf= führt, ist, wie Alles in dieser Stadt, merkwürdig und grandios zugleich. Man kann hinauffahren und hinaufreiten, wie es beliebt, und ich habe von sehr stolz blickenden Nobili, die ihre langen Sackmützen vielleicht heimlich als Brod= und Fleischbeutel benutzen, um den Cameriere zu er= sparen, erzählen hören, daß die Damen der vor= nehmsten Familien, deren Namen im goldenen Buche stehen, und deren Vorfahren der mächtigen Republik einen Dogen gegeben, nie zu Fuß den Markusthurm bestiegen hätten!"

„So laßt uns diesen stolzen Venetianerinnen nachahmen!" hatte darauf Marimiliane geant= wortet, für die ein Ritt auf einen der höchsten Thürme Europa's ein Unternehmen recht nach ihrem Geschmack war. „Wir werden damit Auf= sehen machen und dabei noch die köstliche Genug= thuung haben, etwas versucht und ausgeführt zu haben, was noch keiner Tochter Albions mit ihrem Seladon eingefallen ist!..."

„Es ist nur Schade, daß wir erst Pferde oder Wagen vom Festlande werden herüber=

holen müssen," war der Fürst eingefallen, „sollten wir einen solchen Ritt in die Luft ausführen! Ich fürchte, man wird uns schwerlich die Erlaubniß dazu geben, denn die österreichische Regierung liebt und unterstützt meines Wissens keine Extravaganzen."

„Das wäre einfach dumm!" hatte die Comtesse gereizt erwidert, die sich schon mit verhängten Zügeln, von Neugierigen umgafft, von jungen und alten Herren bewundert, als Amazone in den Markusthurm sprengen sah. „Ich wende mich mit einer Supplik in bestem Italienisch an den Podestà!... Einer Dame kann ein galanter Venetianer solch ein unschuldiges Vergnügen unmöglich abschlagen. Er würde ja alle einflußreichen Fremden durch solche Tactlosigkeit erzürnen und sie aus Venedig verjagen!... Was aber will Venedig ohne Fremde beginnen? Wie will es nur den Schein der alten schimmernden Pracht, die es ehedem umglänzte, aufrecht erhalten?"

„Ich denke, gnädigste Comtesse," hatte darauf der leidende Graf Jermak das Wort genommen, „wir setzen weder den Podestà in Verlegenheit, noch bringen wir uns in den Verdacht, daß wir müssige Menschen sind, die es selbst den präten=

tiösesten Engländern noch zuvorthun wollen.. Excuse, ma chère Comtesse!.. Dagegen würde ich es mir zu besonderer Ehre schätzen, wenn Sie mich die schräge und sehr bequem angelegte Treppe hinauf begleiten wollten... Seit einigen Tagen fühle ich eine merkliche Besserung in meinem Befinden, und wer weiß, ob nicht eine mäßige Anstrengung gerade bei langsamem Steigen der fatalen Kugel, die mich nun schon so lange Jahre peinigt, einen Ruck verschafft, der mich endlich ganz von ihr befreit..."

Der Fürst, die Möglichkeit eines für seinen älteren Freund immerhin sehr gewagten Unternehmens bezweifelnd, dessen Folgen sich nicht voraussehen ließen, hatte dem Grafen abgerathen, Maximiliane dagegen griff das Wort Jermak's sogleich auf, versprach ihm selbst Stütze zu sein, wenn er im Steigen ermatten sollte, verpflichtete Horatio, daß er einen tragbaren Sessel besorge, auf dem sich der Graf, so oft er es begehre, mitten auf der Treppe des Thurmes ausruhen könne, und zeigte sich im Bitten und Schmeicheln so unwiderstehlich liebenswürdig, daß der Graf lachend zusagte und es der Comtesse überließ, die Stunde zu bestimmen, die sie zu einer Besteigung des Markusthurms für besonders geeignet halten würde.

Dieses Gespräches erinnerte sich Georg wieder, so oft er an dem kolossalen Glockenthurme vorüberging. Der Tag war schön gewesen, die Luft von durchsichtiger Klarheit. Die Aussicht von der Höhe des Thurmes mußte demnach in hohem Grade lohnend sein. Unschlüssig, ob er seine Wanderung noch eine Zeit lang fortsetzen oder in den Thurm treten sollte, blieb er dicht vor dessen Eingangsthür stehen. Da vernahm er die Stimme des Chilenen, den er eben so ungern in Marimiliane's Nähe sah, als den russischen Fürsten. Gleich darauf erblickte Rauerz die schlanke Figur Don Rodrigo's, der sehr langsam und den Steinboden der Treppe nur tastend mit den fein beschuhten Füßen berührend, die letzte Biegung herabstieg.

„Lupus in fabula!" rief er, sich umwendend, seinen nachfolgenden Begleitern zu. „Unserm Freunde hat sein Ahnungsvermögen den richtigen Weg gezeigt. Willkommen, Herr Rauerz! Unsere himmlische Comtesse wollte die Luft schon durch schwermüthige Seufzer vergiften, seit wir es aufgegeben hatten, Sie heute noch rechtzeitig aufzufinden, um uns in den Saal der Zehn zu begleiten."

„Keine Einsprache, Georg!" rief Maximiliane ihm zu, welche den sehr abgespannt aussehenden Grafen Jermak auf der einen Seite führte, während der Fürst ihm auf der andern eine feste Stütze war. „Es ist von uns einstimmig der Beschluß gefaßt worden, noch heute dem Dogenpalaste, einem der merkwürdigsten und unheimlichsten Gebäude der Welt — denn er hat unzählige Schreckensscenen gesehen — einen Besuch abzustatten. Und weil Sie eigentlich allein daran Schuld sind, daß wir zu diesem Entschlusse kamen, sollen Sie auch als der älteste Bewohner Venedigs in unserm Kreise uns Führer und Mentor sein."

„Comtesse belieben zu scherzen," entgegnete Georg, dem es schwer fiel, seine Bewegung beim Anblick der still Geliebten zu verbergen, die ihm noch nie in so strahlender Schönheit erschienen war.

„O Sie Undankbarer!" rief Maximiliane und umfing gleichsam mit einem einzigen großen Blicke den jungen Agenten, daß dieser am liebsten huldigend vor der Unwiderstehlichen hätte niedersinken mögen. „Können Sie läugnen, daß

Sie tief aufseufzen, so oft Sie die verrufene Seufzerbrücke erblicken?... Vetter Horatio behauptete, wir würden in jener Gegend, wenn überhaupt, Sie am wahrscheinlichsten finden, denn die geschwärzten Marmorquadern des Dogenpalastes, wo die untergegangene Republik der Schöpfer ihrer eigenen Größe und später ihres Verfalles ward, hätten es Ihnen angethan... Sein Sie ehrlich, Georg, und sagen Sie uns: wie oft betraten Sie schon die Räume, in denen der Staat Venedig seine Geschichte machte?"

„Ich habe vergessen, Buch und Rechnung darüber zu führen, Comtesse," erwiderte Rauerz.

„Und Sie wollen ein guter Geschäftsmann sein?" fiel Maximiliane ein. „Was sagen Sie dazu, Fürst Gudunow?"

„Ich finde, daß Herr Rauerz ein vortrefflicher Gesellschafter ist," versetzte dieser. „Als solcher wird er den Wunsch einer Dame, die er wie Alle, die das Glück haben, in ihrer Nähe zu leben, verehrt, mit dem größten Vergnügen erfüllen. Wir Männer, die wir nicht zu befehlen haben, erlauben uns, Ihnen, Herr Rauerz, diesen Wunsch bringend an's Herz zu legen."

Georg's Gesicht strahlte, ein zweites Mal von dem bezaubernden Blicke Maximiliane's getroffen, vor Glück. Wie hätte er nicht in seligem Rausche thun sollen, was ihr, die er anbetete, Vergnügen bereitete?... Aber die Schatten wurden bereits länger, und nach Sonnenuntergang war der Eintritt in den Palast nicht mehr gestattet.

Georg zog die Uhr.

"Wenn ich den Herrschaften dienen kann," sprach er, "so will ich mich einer schweren Aufgabe unterziehen... Viel über eine halbe Stunde wird uns kaum Zeit bleiben. Diese genügt indeß, um uns zunächst einen Ueberblick der sehenswerthesten Räumlichkeiten des historisch so interessanten Gebäudes zu verschaffen. Und glückt es uns, daß wir im großen Rathssaale vor dem Riesengemälde Tintoretto's die Sonne in den Lagunen untertauchen sehen, so werden wir sagen dürfen, daß wir den Tag nicht unwürdig beschlossen haben... Der alte Custode ist mir durch häufige Besuche und gentile Freigebigkeit befreundet; er wird uns also wohl gestatten, die Dämmerung in dem von ihm behüteten Reiche abzuwarten."

Der Palast war erreicht. Graf Jermak, welcher die Comtesse führte, die Georg dankend zuwinkte, betrat ihn zuerst. Ihm folgten Horatio mit dem Fürsten. Don Rodrigo und Nauerz machten den Beschluß.

7.
Im Dogenpalast.

Graf Jermak, nur oberflächlich mit der Geschichte Venedigs bekannt, dabei aber wißbegierig und bildungsbedürftig, wußte durch geschickt hingeworfene Fragen Georg Rauerz, an den er sich ausschließlich hielt, in ein höchst lebhaftes Gespräch zu verwickeln. Um über die Vergangenheit der einst so mächtigen Republik sich belehrend zu unterhalten, kann es nicht gut einen geeigneteren Ort geben, als jenen merkwürdigen, das Auge immer von Neuem mit wunderbarer Kraft fesselnden Palast, welcher der Sitz einer Politik war, die so große Erfolge errang. Dem Agenten des Hauses Schmalbacher und Compagnie war diese Geschichte geläufig, und er beantwortete da=

her jede Frage des nicht so gut bewanderten Grafen während ihres Rundganges durch die berühmtesten Säle des Palastes rasch und verständig.

„Ich werde Ihnen in meiner Bildung stark vernachlässigt erscheinen," sprach der Graf, als sie den Palast der Staatsinquisitoren verließen, in welchem Leidenschaft und politische Intriguensucht so manches ungerechte Urtheil gefällt haben mögen, „aber Sie dürfen nicht vergessen, daß ich früh einem Regimente zugetheilt wurde, das mich dem Mittelpunkte der europäischen Civilisation unseres Vaterlandes auf lange Jahre entrückte. In der Kaserne aber, insbesondere in der russischen Kaserne, trieb man damals keine Geschichtsstudien. Wer es heimlich versucht hätte und verrathen worden wäre, dem würde zur Abkühlung seines Wissensdranges eine Reise in die unwirthbaren Gegenden Sibiriens schwerlich erspart worden sein. Wir jungen Männer, die wir mechanisch dem Staate dienten, fühlten keinen so ungewohnten Drang, da es uns an Zerstreuungen, wie sie uns zusagten, in müssigen Stunden niemals fehlte. Wir waren ohne Ausnahme reich und waren nicht knapp gehalten. Die Tausende von Seelen, die dereinst uns als unbestrittenes Erbe zufallen mußten, sorgten dafür, daß wir jungen Leute, die wir größtentheils gedankenlos lebten, alle unsere Lüste befriedigen konnten... Wir hatten unsere Abenteuer, wir zettelten Intriguen an, die uns in angenehme Aufregung versetzten, aber wir waren äußerst ungefährliche Individuen. Die nichtrussische Geschichte war uns so ziemlich ein von sieben Siegeln verschlossenes Buch!... Später, als der unerwartete Tod meines Vaters — der unglückliche Mann ward auf der Bärenjagd tödtlich verwundet — mich nöthigte, in die Heimath zurückzukehren, hielt mich die Pflicht auf meinen Besitzungen fest, so daß ich den Plan einer längeren Reise, den ich längst schon mit mir herum trug, wieder aufgeben mußte."

Der Custode öffnete die Thüren zum Saal des großen Rathes, durch dessen hohe Fenster die Strahlen der untergehenden Sonne purpurne Lichtstreifen auf die lange Reihe der Dogenbilder warfen, welche diesen Saal schmücken.

Graf Jermak nahm dankend den Sessel an, den ihm Horatio so stellte, daß er mit voller Muße die Gallerie dieser interessanten Köpfe betrachten konnte.

Georg Rauerz blieb hinter ihm stehen, während die Comtesse, diesmal von ihrem Vetter und Don Rodrigo begleitet, den weiten Saal hinunter schritt und mit ihren klugen Augen forschend die ausdrucksvollen Köpfe der alten Beherrscher der ehemaligen Republik so aufmerksam musterte, als suche sie eine ihr liebe oder doch bekannte Physiognomie unter ihnen.

Fürst Gudunow hatte sich von den Uebrigen getrennt und vertiefte sich als leidenschaftlicher Freund der Malerei sogleich in Tintoretto's großartiges Wandgemälde, welches das Paradies darstellt.

„Sie sind bereits orientirt, wie Sie selbst zugeben," wandte sich der Graf an Georg, nachdem er einige Minuten, in ernstes Schweigen versunken, die Bilder der Dogen betrachtet hatte, ohne den Blick auf einem bestimmten fest ruhen zu lassen. „Welches dieser Portraits giebt uns ein treues Conterfei von dem würdigen Dogen Dandolo, der als blinder, neunzigjähriger Greis noch von so hoher Geisteskraft beseelt und von so gewaltigem Thatendrange durchdrungen war, daß er das Heer der Venetianer im Kreuzzuge gegen Konstantinopel in eigener Person zu befehligen vermochte?..."

Georg zeigte dem Grafen das Bild dieses

seltenen Mannes, dem die Republik den wichtigsten Zuwachs an Land und die noch vorhandenen bronzenen Pferde zu verdanken hat, welche den Bogen über dem Hauptportale der St. Markuskirche schmücken.

Graf Jermak betrachtete es lange. Plötzlich wendete er sich wieder um und fragte Georg:

"Was soll die schwarze Stelle dort zwischen den Portraits bedeuten?"

"Einen Todten, dessen die Republik sich schämt," erwiderte dieser. "Jene Stelle würde das Brustbild des Dogen Marino Falieri zeigen, wäre das Haupt dieses kühnen Mannes nicht unter dem Beile des Henkers zwischen den beiden Säulen auf der Piazzetta gefallen, die seitdem für jeden Nobile ein Gegenstand des Abscheues wurden, dem sie auch heute noch gern fern bleiben."

Lange, und wie es schien sehr bewegt, ließ der Graf seine Blicke auf der mit schwarzem Tuch ausgeschlagenen Stelle ruhen. Endlich legte er seine Hand auf den Arm des jungen Mannes und erhob sich mit dessen Hilfe aus dem Sessel. Fürst Gudunow hatte sich wieder zu den Uebrigen gesellt, welche, die Langseite des großen Saales hinabschreitend, jedes Portrait einzeln betrach=

teten und darüber Bemerkungen gegen einander austauschten.

„Ich erinnere mich nur dunkel der Geschichte dieses unglücklichen Mannes, der eines besseren Looses würdig gewesen wäre," sagte der Russe. „Wollte er nicht die oberste Gewalt an sich reißen?"

„Aus Rache, Herr Graf, weil ein vornehmer Patrizier, welcher die Doganessa, die Gattin des Marino Falieri, beleidigt hatte, nach des stolzen Dogen Meinung nicht angemessen für sein Vergehen bestraft wurde."

Des Grafen Züge verdüsterten sich. Auf den Arm Georg's gelehnt, trat er dem fehlenden Bilde näher.

„Daß Falieri die Staatsverfassung umzustürzen sich entschloß, mag an dem jedenfalls großen Manne zu tadeln sein," sprach er, „daß er aber den Frechen, welcher die Ehre seiner Gemahlin anzutasten sich erdreistete, schwer bestraft zu sehen wünschte, ohne Rücksicht zu nehmen auf dessen Abstammung und vornehmen Anhang, kann ich nur billigen. Eine Gesetzgebung, welche die gesammte Aristokratie der Republik gegen jede strenge Bestrafung sicher stellte, bedurfte gewiß der Verbesserung. Marino Falieri hätte sich selbst beherrschen sollen, er würde dann seinem Vaterlande mehr genützt haben und als großer Mann gestorben sein. Verdammen aber kann ich ihn dennoch nicht, weil mein eigenes Schicksal mich ihn begreifen lehrt..." Auf dem Antlitze Georg's, der sich schon wunderte, daß der Graf ohne besondere Veranlassung plötzlich russisch zu sprechen begann, mochte sich ein Ausdruck des Erstaunens abspiegeln, und in seinem Auge lag die Frage:

„Ein so trauriges Schicksal haben Sie gehabt?"

„Sie wundern sich, junger Freund," fuhr Graf Jermak fort, noch einmal auf die schwarze Stelle zwischen den Dogenbildern blickend, „aber es ist, wie ich sage... Auch ich habe unter der Reihe der Familienbilder, die mir alle gleich theuer waren, eins, dessen lebendiges Ebenbild sich grausam gegen mich verging, und das ich, wäre es möglich, ganz aus meiner Erinnerung vertilgen möchte, mit tiefem Flor zu umhüllen... Aber wir werden beobachtet — unterbrach er sich — und hier, wo wir auf den ehrwürdigen Trümmern einer großen Vergangenheit und unvergänglicher Thaten wandeln, schickt es sich nicht, von persönlichem Mißgeschick zu sprechen...

Erinnern Sie mich an diese Stunde, wenn wir unbeachtet sind... Die Gegenwart meines vertrauten Freundes, des Fürsten, brauchen Sie nicht zu scheuen... Wir bilden ein Dreiblatt von Landsleuten, das unter sich wohl kleine Geheimnisse haben darf, ohne deshalb gegen den guten gesellschaftlichen Ton zu verstoßen..."

Georg Rauerz mußte eine sich ihm aufdrängende Frage zurückhalten, da der Custode die Gesellschaft höflich an die Nothwendigkeit des Aufbruches erinnerte.

Maximiliane von Allgramm machte Einwendungen, fügte sich aber, von einem bittenden Blicke Georg's getroffen, was diesen mit den kühnsten Hoffnungen erfüllte.

"Bewegen Sie wenigstens den alten Cerberus," raunte sie ihm leise zu, "daß er uns durch die Gallerie, wo sich die Oeffnungen für die Löwenköpfe befinden, deren Rachen zur Aufnahme geheimer Mittheilungen an die Inquisitoren bestimmt waren, über die Riesentreppe zurückgeleitet."

"Das thut der gewissenhafte Mann von selbst, denn wir betraten diesen Theil des Palastes noch nicht," entgegnete Rauerz. "Leider ist es bereits so dunkel geworden, daß wir heute von diesem Gange wenig Genuß haben werden."

"Im Gegentheil," versetzte die Comtesse, "je größer die Dunkelheit, desto lebhafter kann man sich in die schrecklichen Geheimnisse vertiefen, welche den ehernen grimmen Thierköpfen von Feiglingen, Verleumdern, Verräthern oder Rach= süchtigen anvertraut worden sein mögen."

Es herrschte in der That volle Dämmerung, als die Gesellschaft die erwähnte Gallerie erreichte. Durch die Oeffnungen fiel ein Strahl halben Abendlichtes, sowie das Geräusch vom Markus= platze abgedämpft durch dieselben hereinklang.

"Das also sind die Tirnyscochren, durch welche die Republik die geheimsten Gedanken ihrer mißvergnügten Bürger zu erlauschen suchte?" sprach Fürst Gudunow und versenkte seine Hand in eine der Oeffnungen. Es kam ihm vor, als berühre er einen fremden Gegenstand, der ent= weder in der Oeffnung lag oder in dem näm= lichen Augenblicke von außen in dieselbe fiel... Unwillkürlich die Finger krümmend, blieb ein Streifen Papier zwischen denselben hängen:

"Ah, das ist ja prächtig!" sagte er in russi= scher Sprache zu dem Grafen, indem er das Papier sorgfältig zusammenfaltete. "Wahr=

scheinlich die letzte Anzeige des letzten Schurken, der sich um die Republik verdient machen wollte!.. Dies Stück Papier soll mir ein werthes An= denken sein und mich, so oft ich es sehe, auch im fernen Norden an Venedig und diese glückliche Stunde erinnern!"

"Sie werden ungalant, Durchlaucht!" fiel Maximiliane ein. "Es soll Ihnen aber verziehen werden, wenn Sie mich Ihren wunderbaren Fund bei Licht betrachten lassen."

"Ich bitte darum," entgegnete der Fürst und reichte der Comtesse den Arm, um sie die Treppe hinunter zu geleiten, auf deren unterster Stufe eine zusammengekrümmte Frau saß. Berührt von dem Gewande Maximiliane's, hob sie den Kopf. Die Comtesse erkannte die Verhöhnte vom Quai der Slavonier... Maximiliane wollte sie anreden, der Fürst aber drückte ihr den ge= fundenen Zettel in die Hand und sprach:

"Sind Sie denn gar nicht neugierig, Com= tesse?... Dort unter den Procuratien finden wir Licht in Menge und Zeit genug zu traulichem Gedankenaustausch."

Maximiliane neigte lächelnd ihren schönen Kopf und sah sich mit halbem Auge nach Georg

Rauerz um, der noch immer dem graubärtigen Russen seinen Arm als Stütze lieh.

"Beim Himmel, das Papier ist beschrieben!" rief die Comtesse so laut, daß ihre Begleiter es hören konnten.

"Und noch dazu mit Versen, dünkt mich," fügte der Fürst hinzu. "Bitte, lassen Sie hören, was der geheimnißvolle Palast der längst vergessenen Dogen von Venedig uns mitzutheilen hat!"

"Das ist für Sie, Georg!" sprach die Comtesse. "Italienisch ist nicht eben meine Stärke, Sie aber sprechen und verstehen so ziemlich alle Sprachen... Sind es Terzinen von Tasso oder enthält der Zettel ein zärtliches Sonett?"

Georg Rauerz überflog mit raschem Blick die wenigen Zeilen. Beim Lesen runzelte er finster die Stirn.

"Das klingt seltsam genug," sagte er. "Entweder es will uns Jemand foppen, oder wir sind hier von heimlichen Spähern umgeben..."

"Lesen! Lesen!" sprach ungeduldig Horatio. "Was enthält der gefundene Zettel aus dem verschwundenen Löwenrachen?"

"Zu Deutsch lauten die Worte ungefähr so:" gab Georg zurück.

"Hüte Dich vor böser Tücke
In Italiens Lustgefilden!
Von Ausoniens blauem Stahle
Starrt Dich gräßlich an der Tod!"

„Und das ist Alles?" sprach Maximiliane von Allgramm, als Georg den beschriebenen Zettel seinem Finder zurückgab.

Rauerz warf noch einmal einen Blick rückwärts nach dem finstern Palaste und auf das gebückte Weib, das noch immer regungslos auf den Stufen der Riesentreppe saß.

„In der That, Comtesse, das Stückchen Papier enthält nicht mehr."

„Und doch sind Sie so bleich geworden, als wäre Ihnen ein Verstorbener als Geist begegnet?"

„Bin ich, Comtesse?.. Nun, dann wird es wohl sein, wie Sie sagen…"

„Aber, Herr Rauerz!" rief Horatio. „Sie können Einem ja wahrhaftig fürchten machen!"

„Das würde mir leid thun," erwiderte Georg, „dennoch kann ich nicht läugnen, daß mich dies ungesuchte Abenteuer in vollem Ernste heftig bewegt!.. Was wir da eben erlebt haben, ist mir schon einmal begegnet!.."

„O Sie Träumer!" lachte Maximiliane.

„Wie wäre das möglich?" warf Graf Jermak ein.

„Ganz gewiß!" sprach Georg Rauerz sehr ernsthaft. „Ich erinnere mich jedoch, daß ich vor Jahren diese ganze Scenerie, die uns jetzt umgiebt, mitsammt dem alten Weibe dort auf der Treppe des Dogenpalastes im Traume gesehen habe!.. Selbst Sie, die ich damals noch nicht kannte, tauchen jetzt ganz deutlich als mir befreundete Personen auf. Von einer dieser Personen in meinem Traume erhielt ich einen Zettel, auf welchem dieselben Worte standen!.. Ich weiß es ganz genau... Darauf verwandelte sich die Scene, und ich befand mich in einer unbekannten Gegend vor einem alten Schlosse, aus dessen hellerleuchteten Fenstern lustiges Lachen erscholl, während ein alter Herr von Furien aus demselben gehetzt wurde und sich hilfeflehend mir zu Füßen warf!.."

„Mit Verlaub, lieber Rauerz, Sie haben entsetzliche Träume!" sprach Horatio. „Ich möchte Ihnen rathen, mit uns zugleich Venedig den Rücken zu kehren. Vertiefen Sie sich noch länger in die Geschichte dieser von allerhand Greueln geschändeten Republik, möchten Sie Ihrer Gesundheit schaden!"

„Ich bedaure, daß ich Sie erschreckt habe," entgegnete Georg. „Uebrigens brauchen Sie meinethalben sich keine Sorgen zu machen. Ich folge stets den Befehlen und Weisungen, die ich von meinem Hause erhalte, und eine Ahnung — leider habe ich wirklich Ahnungen, Comtesse — sagt mir, daß ich bald von Venedig abgerufen werden dürfte."

Die Begleiter des jungen Agenten schwiegen Alle ohne Ausnahme. Keiner gedachte noch einmal des Zettels mit den wunderlichen Versen, den Jermak von dem Fürsten erhielt und mit dessen Erlaubniß in sein Taschenbuch legte.

Als Georg Rauerz tief in der Nacht — er hatte in Gesellschaft der Freunde einer Opernvorstellung im Teatro Fenice beigewohnt — seine Wohnung betrat, fand er einen Brief von seinem Hause. Dieser enthielt die Weisung, er solle sobald wie möglich nach Genua abreisen und von dort durch Frankreich zunächst den Chef des Hauses in Böhmen besuchen, wo seiner anderweitige Aufträge harrten.

Georg lächelte, als er den Brief gelesen hatte.

„Diesmal brauche ich Italiens böse Tücke also noch nicht zu fürchten," sprach er, „und sollten nicht etwa die schönen blauschwarzen Augen der Comtesse den Stahl Ausoniens vertreten, so werde ich, ehe ich die Lagunenstadt verlasse, von einem Dolche wohl auch noch nicht zum Tode verwundet!"

Sechstes Buch.

1.
Briefe.

Es war Herbst geworden. Ueber die Stoppeln strich ein rauher Wind, und Schaaren von Zugvögeln entfalteten ihre Schwingen, um südwärts zu wandern. Die Bäume wurden mit jedem Tage kahler, und alle Witterungsanzeichen deuteten auf einen frühzeitigen Winter.

An solch einem recht trüben und bitterrauhen Herbsttage, wo der Mensch ein gut erwärmtes Zimmer für keinen Luxus hält, saß Tobias Helfer in seinem alten Sorgenstuhle an demselben Platze, wo er sein Leben lang immer gesessen hatte, wenn er, müde von geistiger und körperlicher Arbeit, ausruhen oder sich mit seiner treuen Hausfrau gemüthlich unterhalten wollte. Er sah in die grauen Wolken, aus denen ein feiner

Regen herabrieselte, der Alles recht gründlich
durchnäßte und schon Stunden lang währte.
Dabei war keine Bewegung in der Luft zu be=
merken, was noch längere Dauer des unfreund=
lichen Wetters verhieß. Außer dem Geschrei der
Krähen, die mit schwerem Flügelschlage durch die
feuchte Luft ruderten, hörte man kein anderes
Geräusch, als den tactmäßigen Schlag der Dresch=
flegel aus den Scheunen der nächsten Bauernhöfe.
Ganz Hohen=Rothstein hatte nämlich seit einigen
Wochen angefangen, den glücklich eingeheimsten
Erntesegen auszudreschen.

Tobias klemmte eine Hornbrille auf seine
Nase, wischte das von der Stubenwärme ange=
laufene kleine Schiebfenster mit seinem blau und
roth gewürfelten Taschentuche ab und sagte:

„Mutter, ich glaube, wir kriegen heute noch
'was Neues zu wissen. Da stiefelt der Land=
briefbote quer über die Brache gerade auf unser
Haus zu!.. Zum Plaisir thut er das nicht, denn
er ist ein sparsamer Mann, der sein Schuhwerk
schont."

Rahel stand schon neben Tobias. Die wackere
Frau sehnte sich schon lange wieder nach einem
ausführlichen Schreiben von ihren Kindern, denn
im letzten Briefe, den die alten Leute erhielten,

hatte gestanden, daß sie nach einigen Wochen wieder schreiben würden. Und nun lebten die guten Alten in nicht geringen Sorgen, denn sie waren schon ein volles halbes Jahr ohne jede Nachricht von den in der neuen Welt lebenden Kindern!..

Die Vermuthung des pensionirten Schulhalters bestätigte sich. Der Briefbote entnahm seiner mit Wachstuch überzogenen Tasche ein Schreiben, sprang über den Graben, welcher die Felder von der Landstraße schied, und rief Tobias, der erwartungsvoll sein Fenster öffnete, zu:

„Aus Amerika!"

„Aus Amerika!" wiederholte Rahel und faltete unwillkürlich die Hände wie zum Gebet. Sie betete auch wirklich aus tiefstem Herzen, wie denn jeder Gedanke an ihre Kinder jenseit des Meeres ein heißes Bittgebet für deren geistiges und leibliches Wohlergehen war.

Tobias Helfer reichte dem Briefboten das Porto durch's Fenster und schloß es dann eiligst wieder, das erhaltene ziemlich dicke Schreiben aber kehrte er einige Male um, ehe er das Siegel löste. Ihm klopfte das Herz, denn was konnte der Brief nicht Alles enthalten!.. Auch Rahel bangte, aber sie nahm sich zusammen, trocknete sich die feucht gewordenen Augen und sagte:

„Nun, Vater, in Gottes Namen, öffne den Brief! Ich bin auf Alles gefaßt, und was uns auch beschieden sein mag, zu unserem Heile muß es doch dienen!.. Später sieht man es immer ein, daß auch in dem, was wir Unglück nennen, die Keime für neues Glück enthalten sind..."

Tobias erbrach den Brief und entfaltete ein langes Schreiben, das von drei Personen herrührte. Der Schulhalter mußte sich die Brille abwischen, denn sie war ganz trübe geworden. Rahel setzte sich ihre Gläser ebenfalls auf und sagte:

„Soll ich lesen, Vater?"

„Wenn ich fertig bin oder der Husten mir aufstößt, Mutter," entgegnete Tobias und schickte sich zum Lesen an.

„Geliebte, theure Aeltern!"

„Wer hat zuerst geschrieben?" unterbrach ihn Rahel.

„Unser Aeltester, wie sich's gehört," versetzte Tobias. „Nach ihm kommt Joachim und zuletzt Caspar Spät, den sie im Vaterlande so gern auf's Rad geflochten hätten."

„Lies nur, Vater, lies!"

Tobias las:

„Es ist doch nicht recht, daß Ihr Lieben allein zu Hause geblieben seid und vielleicht unter vielen Sorgen und Bekümmernissen Euer Leben zubringt..."

„Von woher ist der Brief datirt?" unterbrach ihn Rahel noch einmal.

Tobias sah nach dem Ende und sagte:

„Aus Buenos=Ayres! Da steht's dick und fett geschrieben, siehst Du? Das ist wohl amerikanische Mode, den Ort, wo der Briefschreiber lebt, an's Ende zu setzen; vielleicht ist's auch vornehmer. Na, ich bleibe bei meiner alten Weise. Mit allem neumodischen Kram kann ich mich doch nicht recht befreunden." Er rückte die Brille den Augen etwas näher und las weiter:

„Hier zu Lande ist doch ein ganz anderes Leben wie drüben bei Euch. Wer etwas kann und Lust hat, thätig zu sein, der muß es unter diesem gesegneten Himmel auch in verhältnißmäßig kurzer Zeit zu etwas bringen. Ich sehe das an mir selber und an vielen Anderen, die auch deutschen Stammes sind. Es ist hier eben Alles frisch und jung, während bei Euch in Europa Alles dürr und alt ist. Darin liegt der Unterschied!... Aber nun wollen wir Euch er=

zählen, was wir hier eigentlich treiben und vor=
stellen.

"Daß ich Haus und Hof besitze, schrieb ich
Euch schon vor Jahren. Inzwischen ist's mir
noch viel besser gegangen. Ich bin jetzt Kauf=
mann in Allem, womit sich Handel treiben und
wacker Geld verdienen läßt. Bei Euch würde
ich ein Grossist genannt werden, wie Kaufmann
Gr., obwohl ich mit seinem Bissel Leinen= und
Damastkram nicht tauschen möchte!... Fünf Häu=
ser habe ich jetzt..."

"Fünf Häuser!" fiel Rahel ein und faltete
wiederum die Hände. "Du meine Güte!... Das
kann dem armen Ludwig keinen Segen bringen,
denn das geht nicht mit rechten Dingen zu!...
Ach, wäre er doch lieber zu Hause geblieben!.."

Tobias benutzte diesen Einwurf seiner besorg=
ten Frau, um sich die Brille wieder abzuwischen,
und fuhr darauf fort zu lesen:

"Fünf Häuser habe ich jetzt, d. h. Lagerhäu=
ser, die mir aber nicht gehören..."

"Gott sei Dank!" schaltete Rahel ein. "So
ist er ja doch ehrlich geblieben."

"Vier davon stehen am Wasser, eins viele
Meilen weit von der Stadt auf einer Wiese,
die ungefähr so groß ist, wie alle deutschen Bun=

desstaaten zusammen, die ich — Gott sei Dank — nicht sehr genau kenne und deren Namen ich so ziemlich vergessen habe…"

„Na, das ist doch wohl aufgeschnitten," sagte Rahel, da sie bemerkte, daß auch Tobias seinen weißen Kopf ungläubig schüttelte… „Gott bewahre!… Was muß das für eine Wiese sein!… Die könnten ja zehntausend Menschen in drei Tagen kaum abmähen!…"

„Etwas groß kommt sie mir auch vor, Mutter," entgegnete Tobias. „Ich denke mir aber, unser Sohn hat sich das schöne Stück Land, von dem ihm wohl ein paar Quadratfuß gehören mögen, durch eins der neumodischen Vergrößerungsgläser angesehen."

Nach dieser Bemerkung nahm er die Lectüre wieder auf.

„In diesem Lagerhause" — schrieb der älteste Sohn des Schulhalters — „verwahren wir unsere Vorräthe von Häuten, die wir stets zu vielen tausend Stücken mit großem Gewinn verkaufen. Der größte Theil derselben wird nach Europa verschifft, und unser morsch gewordenes Vaterland, wo Ihr Euch unter allerhand Plackereien, welche das Herkommen einzelner Bevorzugten gestattet, elend genug fortkrabbeln müßt, bekommt

ebenfals seine Part davon ab... In Hohen-Rothstein laufen sicherlich eine Menge Menschen auf
Sohlen herum, die hier gewachsen sind... Nun,
das wäre soweit ganz schön, zufrieden aber sind
wir damit noch nicht. Das dicke Ende kommt
nach."

„Ist mir gar nicht lieb zu hören, Vater," fiel
Rahel hier ein. „Sobald der Mensch aufhört
mit dem zufrieden zu sein, was der liebe Gott
ihm schenkt, greift der Hochmuth Platz in seinem
Herzen, und aus dem Hochmuth entwickelt sich
der Uebermuth. Uebermüthige Menschen aber
denken immer nur an sich, und das führt zu
nichts Gutem!... Ich dachte wohl, daß wir
schlimme Nachrichten erhalten würden... Ach
meine armen Kinder!... Wie thun sie mir leid!..
Ein Glück nur, daß Andrea bei uns geblieben
ist!"

„Da hast Du's, Mutter!" versetzte Tobias
Helfer. „Wer meinte es nun besser mit uns,
Joachim in seinem wilden Drange, oder Gott,
der Andrea in's Schloß Rothstein verwies, wo
sie gegen ihren Willen verbleiben mußte, bis
der Graf selber zu ihr sagte: Geh', Du sollst
nun frei sein?... Lassen wir also auch ferner
den Willen Gottes unsere Stütze sein! Wir

fühlen uns mit ihrer Hilfe wohl vollends bis zum Grabe hin, ohne gar zu arg zu stolpern!.."

Rahel schwieg und der greise Organist blickte wieder in den Brief.

„Vor etlichen Jahren kaufte ein Fremder sich in der Stadt neben mir an, da mein bisheriger Nachbar, ein Eingeborener, fortgezogen war. Ich kümmerte mich um den neuen Nachbar nicht, denn was ging mich der Fremde an. Zufällig nur erfuhr ich seinen Namen und hörte, daß er ein richtiger Yankee sei!... Das will etwas sagen in einem Lande, wo Jeder durch Erfahrung bald klug wird und stets seinen Vortheil im Auge hat. Er muß es ja, sonst wird er von Klügeren überflügelt, und wer zu nichts kommt, den sieht man in der neuen wie in der alten Welt verächtlich über die Achsel an.

„Einen richtigen Yankee hatte ich noch nicht gesehen, ich war also bös neugierig und paßte auf, daß ich ihn zu Gesicht bekäme. Das gelang denn auch, und der Kerl gefiel mir, obwohl ich glaubte, daß er von Natur ein Racker ist!... Das Geldmachen versteht er wie nichts Gutes, und es glückt ihm auch Alles... Ich sah mir nun meinen neuen Nachbar an, der vielleicht einige Jahre jünger sein mag als ich, äußerlich

aber aussieht, als stamme er von herumziehenden
Tatern ab... Seine Gesichtsfarbe spielt halb in's
Grünliche, halb in's Gelbe oder Gelbbraune;
dabei hat er einen Haarwuchs wie die Mohren,
mit denen er auf seinen Baumwollenpflanzungen
viel zu thun haben soll. Genug, der Kerl ist
zwar nicht häßlich, aber unangenehm, und er will
es sein, weil er seine Macht kennt und es ihm
Spaß macht, diese Jedem — freilich immer in
verschiedener Weise — fühlen zu lassen... Mit
diesem Yankee bin ich nun in Compagnie ge=
treten..."

„Ach Du meine Güte!" rief Rahel wieder,
und es ward ihr sehr weh zu Muthe. „Was
muß man doch an seinen Kindern erleben, wenn
man sie nicht mehr unter Augen haben kann!...
Läßt sich unser gutmüthiger Ludwig, der daheim
kein Wasser betrübte, mit Tatern ein!... Wenn's
noch Joachim wäre!... Dem sah so 'was schon
eher ähnlich... Und obendrein ist's ein schlechter
Mensch!"

Tobias schwieg zu diesen Einwürfen seiner
Frau und las weiter:

„Auf Anrathen dieses spitzköpfigen Yankees
haben wir nun in Compagnie — Bruder Joachim
und sein Freund Spät, der ihm das Leben ver=

dankt, sind seit Kurzem auch dabei beschäftigt — einen Holzhandel etablirt, der verdammt einträglich ist... Wie das zusammenhängt, kann ich Euch nicht weiter erklären, aber es ist ein Geschäft, von den man drüben bei Euch so gut wie nichts versteht... Heedfull — so heißt der Yankee..."

"Wie heißt er?"

"Heedfull!" wiederholte der Schulhalter.

"Nun, der Name paßt!" sagte Rahel. "Den Kopf*) muß Einer wohl richtig voll allerhand Raupen haben, wenn er so unbegreifliche Dinge aufstellen kann..."

"Heedfull leitet Alles, giebt uns Vorschriften, die wir nur auszuführen haben, und so wickelt sich Alles von selbst ab... Einmal nur hab' ich ein paar Tage mit diesem Tausendsasa verkehrt, als er mich für sein Geschäft gewinnen wollte — was ihm auch geglückt ist — seitdem nie wieder... Joachim und Spät kennen ihn gar nicht. Er ist immer auf Reisen, und nächstes Frühjahr will er auch Europa wieder besuchen... Es ist dann gar nicht unmöglich, daß er auch zu Euch kommt..."

*) Im Volksdialekt heißt der Kopf an den Grenzen Sachsens und Schlesiens Heet.

„Gott soll mich bewahren!" rief Rahel aus und stand ganz aufgeregt auf. „Ich bin mit allen Menschen freundlich und gebe gern, was ich habe, einem solchen Yankee aber will ich nicht die Hand reichen... Es könnte Blut daran kleben!... Die armen Kinder, die armen Kinder!... Wie fangen wir's denn an, Vater, daß wir sie aus der Gewalt dieses gefährlichen Menschen wieder befreien?..."

„Es wird so schlimm nicht sein, wie Du fürchtest," erwiderte Tobias, „auch haben wir keinen so langen Arm, um so weit Entfernten etwas nützen zu können... Unsere Hilfe muß Gottvertrauen, unerschütterliches Gottvertrauen sein!... Diese Hilfe wird uns nicht verlassen und auch nicht unsere Kinder!... Bis hieher hat Ludwig geschrieben, nun kommt Joachim an die Reihe. Der faßt sich aber kürzer, das macht, er ist eine hastige Natur und nimmt sich zu keiner Sache lange Zeit."

Joachim's Worte lauteten:

„Geliebte Aeltern! Ich bin sammt Weib und Kind wohlauf, auch sehr zufrieden mit meiner Lage, nur mit der Hitze kann ich mich nicht vertragen. Es mag Alles in Deutschland oder meinetwegen in ganz Europa, das ich recht von Herzen satt hatte, schlechter sein wie hier, die Witterung ist über'm großen Wasser ungleich besser!.. Immer in einem Backofen sitzen müssen, wird doch langweilig und mehr als lästig, selbst wenn die Wölbung dieses Backofens aus Lazurglas gemacht und mit silbernen und goldenen Verzierungen gar prächtig ausgelegt ist... Mir gehen die Haare aus in diesem Klima, und nächstens, glaub' ich, werden mir auch die Zähne wackelig werden... Das wäre sehr dumm, denn ich werde noch manche harte Nuß auf= knacken müssen, ehe ich erreiche, was ich mir vorgenommen habe... So viel steht fest: sterben will ich hier nicht, wenn es mir nachgeht, aber als reicher und unabhängiger Mann will ich das Land verlassen, um, komme ich glücklich wie= der zurück in die Heimath, gewissen Leuten, die vielleicht Lust haben könnten, mich chicaniren zu wollen, recht empfindlich den Daumen auf's Auge setzen zu können... Was kostet Alteneck nebst Anhängseln? Was die Herrschaft Rothstein oder beide Besitzungen zusammen?.. Diese Frage an die beiden schlechten Kerle richten zu können, die ich mehr hasse wie den leibhaftigen Teufel und seine Großmutter, wenn sie nicht längst schon in der Hölle zu Asche verbrannt ist, wäre mir ein wahres Ergötzen!... Ehe ich jedoch so weit komme, vergeht wohl noch reichlich ein halbes Mandel Jahre, ich müßte mich denn auf den Menschenschacher legen, ein Geschäft, auf dem Gottes Fluch liegt, dem sich aber gewissenlose Schufte doch leider hingeben!..."

"Das ist ja entsetzlich!" schrie Rabel auf. "Das ist offenbare Verachtung aller göttlichen und menschlichen Gesetze!... Nun Gott sei Dank, daß wir unseren Kindern wenigstens Religion beigebracht haben!... Durch Menschenhandel sich bereichern!.. Und solche Verworfene wollen Christen sein!"

Tobias Helfer schüttelte ebenfalls den Kopf und sagte:

"Ja, Mutter, wir hier in unserem stillen Dorfe erfahren nicht, was in der Welt vorgeht und auf welche Weise manche Leute zu ihrem vielen Gelde kommen. Darum billige ich das Vorhaben Joachim's, sich mit ehrlichem Verdienst begnügen zu wollen und, ist's ihm geglückt, wieder an die Heimkehr zu denken... Er hat doch ein Herz für seine alte Heimath, und das freut mich. Es ist aber auch ganz natürlich, denn sein Weib ist auch ein deutsches Mutterkind, und Frauen hängen gewöhnlich mit größerer Liebe an ihrem Vaterlande als Mannsleute."

Nach dieser Herzensergießung nahm er den Brief wieder auf und begann abermals zu lesen.

"Wie geht es dem Bleicher Moosdörfer? Trinkt er noch immer so gern sein Seidel Wein? Hat Schwester Andrea dem schnurrbärtigen Grafen noch nicht auf gute Manier entschlüpfen können?... Ach, liebe, brave Aeltern, um Andrea bangt mir oft recht sehr!... Dem lieben Mädchen wäre ein braver Mann zu wünschen, damit sie für alle Zeit eine feste Stütze in ihm fände!... Aber wo giebt es jetzt noch Männer, die ein Mädchen nur ihrer Tugend und ihrer Kenntnisse wegen freien? Selbst die blühendste Schönheit muß einen goldenen Schnürleib tragen, sonst kann sie ruhig in der Sonne verdorren oder im Schatten verbutten!... Grüßt Andrea recht herzlich und sagt ihr, daß sie mein Tag- und Nachtgedanke sei... Schreibe ich wieder, dann werde ich ihr den Beweis dafür in die Hände schieben. Und nun, lieben Aeltern, Gottes Segen auf Eure Herzen, auf Eure theuern, theuern Häupter!... Ich werde doch erst ganz glücklich sein, wenn ich Euch wiedersehe!

Joachim."

Tobias nahm die Brille ab und strich sich eine Thräne aus den Augen. Rahel sah nach

dem Ofen und legte mit der Feuerzange die halb
ausgebrannten Holzstücke zusammen und fachte,
mit eigenem Munde aus Leibeskräften blasend,
die schon halb erloschene Flamme von Neuem an.

„Joachim's Herz ist gut geblieben," sprach
der Schulhalter, die Brille auf der Nase wieder
befestigend, „und das läßt mich hoffen. Er
hält es drüben nicht so lange aus, wie sein
Bruder... Guter, ehrlicher Junge!... Wie
lieb und brav ist's von ihm, daß er auch
an die Schwester denkt!... Ich rechne, er will
für Andrea eine kleine Aussteuer zusammen=
sparen..."

Rahel saß wieder auf ihrem Schemel neben
Tobias und fragte, da es bereits zu dunkeln be=
gann, ob sie den langen Brief nun auch vollends
zu Ende lesen solle?

„Ach nein, laß mich nur!" entgegnete der
Schulhalter. „Jetzt kommt Spät. Der macht
Buchstaben, steil wie Rechenzinken und dick wie
Zaunpfähle. Die kann ich noch bequem im
Halbdüster lesen."

Und Tobias las:

„Herzliche Grüße und tausend Dank, lieber
Herr Schulhalter und Frau Schulhalterin!...
Meine gute Else und ich sind hier recht zufrieden

und würden gar keinen Wunsch haben, wäre das
Vaterland, aus dem uns ein böser, rachsüchtiger
Mann vertrieb, nicht so weit!... Das Vater=
land entbehren zu müssen und nie mehr die
lieben Gesichter erprobter Freunde sehen zu können,
die man von Jugend auf kannte, ist doch hart!...
Zum Glück geben mir die meisten Nächte einen
Ersatz, wenn auch nur einen scheinbaren. Ich
träume nämlich von der Heimath und von Allen,
die mich lieb hatten... Auch das Haus, in dem ich
wohnte und aus dessen Frieden mich Haß und
Verleumdung schlechter Menschen hetzte, sehe ich
häufig in meinen Träumen, und so führe ich
ein Doppelleben, das halb der alten, halb der
neuen Welt angehört... Für mich ist das ein
Trost, aber Else meint, es greife mich sehr an,
und ich werde schon alt aussehend... Das mag
nun wohl sein, denn es kommt mir selbst so vor,
Schuld daran aber haben wohl nicht die Träume,
die mich eher verjüngen müßten, da sie ja er=
quickender Himmelsthau für meine Seele sind...
Nein, das Klima ist's und die Lebensweise, die
Jeder annehmen muß!... Indeß, das macht
mir wenig Kummer. Bleibe ich nur gesund,
und will der Muth mir nicht sinken, so frage
ich wenig nach meinem Aussehen!...

„Ist der junge Herr so brav geblieben als er war, und wird er nicht bald die Herrschaft antreten auf Alteneck?... Ich würde selbst einmal an ihn schreiben, wenn ich wüßte, daß es sich schickte; denn er hat viel für mich gethan, und um des braven Sohnes Willen verzeihe ich dem Vater seine Schlechtigkeiten!.. Ist es noch immer nicht ermittelt, wer Ober=Rense anzündete?.. In meinen Träumen sehe ich die ganze Hoferöthe bisweilen lichterloh brennen und die ganze Gegend taghell erleuchtet von den Flammen, ganz wie es in der Wirklichkeit war, und dabei kommen mir gar wunderliche Gedanken!.. Es ist sonderbar, daß ich früher nie von jener Brandnacht, die so großes Unglück über mich brachte, geträumt habe!.. Ich hätte dann im peinlichen Verhör wohl andere Aussagen gethan und die kurzsichtigen Herren auf die richtige Spur gebracht... Mehr will ich aber nicht sagen, denn wer weiß, ob es Euch nicht Ungelegenheiten machen könnte?

„Studirt der lustige Herr Anton Wacker noch fleißig, und spricht er noch immer in so verteufelt runden Versen?.. Noch heute muß ich laut auflachen, wenn ich an meine Befreiung aus dem Stockhause denke... Ich wünsche dem braven Herrn alles erdenkliche Gute und daß ihm ein=

mal eine recht liebe, hübsche junge Frau bescheert
sein möge!.. Was wäre aus mir wohl gewor=
den ohne Else?.. Darüber mag ich gar nicht
nachdenken!..

„Else läßt grüßen und danken! Unser Junge
ist ein runder wilder Bengel, der Spanisch bes=
ser versteht als sein dickköpfiger Vater. Wenn
ich die kleine Blitzkröte so mit den Händen hase=
liren sehe und höre, wie die kleine Zunge quin=
gelirt, komme ich mir vor wie die hölzerne Fi=
gur, die ich an mein Schöpfrad stellte, und über
die sich Baron von Alteneck so mächtig ärgerte.
Gerade so ein fester, dickkantiger Holzkopf, wie
die Figur ihn hatte, sitzt auf meinen Schultern,
wenn die Zumuthung an mich gestellt wird, ich
solle spanisch sprechen! Mir kommt das gar
zu spanisch vor, und wenn ich etwas hier uner=
träglich widerwärtig finde, so ist's, daß die Leute
kein Deutsch verstehen... Von Herzen weg und
in's Herz hinein kann man doch nur sprechen,
wenn man Deutsch versteht!...

„Nun ist aber das Papier zu Ende, und da
muß ich meinen stumpfen Gänsekiel, den ich mir
mit einem Schnitzer zurecht gestutzt habe, wohl
bei Seite legen. Als Schönschreiber kann ich
mich sehen lassen, nicht wahr, Herr Schulhal=

ter?... In schuldiger Achtung und dankbarer Ergebenheit

Caspar Spät."

Tobias Helfer nahm die Brille ab und faltete den langen Brief wieder sauber zusammen. Dann reichte er ihn seiner Frau und sagte:

„So, nun schließe ihn ein, damit er uns nicht verloren geht und kein Unberufener hineinsehen kann!"

Rahel stand auf und schloß das Schreiben in das uns schon bekannte kleine Stehpult, in welchem Helfer seine Werthsachen zu verbergen pflegte. Kaum war dies geschehen, so klopfte es an's Fenster, und als Tobias, welcher gesenkten Hauptes dasaß und über den Inhalt der gelesenen Briefe nachdachte, aufsah, blickte er in ein frisches, rundes, lachendes Gesicht, das ihm durch die trüben kleinen Fensterscheiben freundlich zunickte.

„Anton Wacker!" riefen Tobias und Rahel zu gleicher Zeit, denn sie erkannten den Sohn des Schulzen von der Einöd' Peide.

„Herein! Herein!" rief der Schulhalter und stand auf. „Es war eben von Ihnen die Rede."

Anton ließ sich nicht bitten. Ehe Tobias noch in die Hausflur treten konnte, stand der untersetzte junge Mann, einen gewaltigen Ziegenhainer in der Hand, ihm schon gegenüber, schüttelte ihm kräftig die Hand und sprach, sein freundliches Auge der rührigen Rahel zukehrend:

"Schaffende Mutter, ich trete beherzt in Dein gastliches Haus ein,
Weil ich nach harten Strapazen bedarf einer sorglichen Pflege!"

Und damit zog er sein eselgraues, vom Regen ganz durchnäßtes Staubhemd — eine damals allgemein übliche Tracht auf Reisen zu Fuß — aus, hing es über das um den Ofen laufende Gestäng und stellte den Ziegenhainer in die Ecke neben das Gehäuse der alten Wanduhr. Dann schob er sich ungenirt einen Schemel an den wärmenden Ofen, auf den er sich niederließ, die Beine über einander schlug und die kalt gewordenen Hände so lange rieb, bis eine angenehme Wärme sie wieder durchrieselte.

2.
Ein unerwarteter Besuch.
—

Rahel verließ das Zimmer, um Licht aus der Küche zu holen, denn es war inzwischen vollkommen dunkel geworden. Tobias hing Anton Wacker's Mütze, die auf dem Tische liegen geblieben war, ebenfalls zum Trocknen auf, schüttelte dem unerwarteten Besuche nochmals recht herzlich die Hände, und sagte dann:

„Was verschafft uns die unverdiente Ehre, mein Herr Wacker…"

„Der Regen, lieber Tobias, nichts als dieser vermaledeite Regen!

Denn zum Geschlecht der Amphibien nicht, die Wasser wohl lieben,
Mag und will ich mich zählen; weit besser gefällt mir ein Dasein,

Das aus der stärkenden Quelle des Weines oder des Biers auch
Geist und Körper zugleich bei nährender Zukost erquicket."

„Nun, mein bester Herr Wacker," fiel Tobias dem laut Declamirenden in die homerische Rede, „was Küche und Keller hergeben, wird Mutter Rahel Ihnen nicht vorenthalten. Aber wo kommen Sie her?"

„Zunächst von Schloß Alteneck, Vater Tobias, eigentlich aber von der Universität, wo mir der Kopf von vielem Denken und Studiren ganz dumm geworden war... Der Baron hat kürzlich an mich geschrieben."

„Baron von Alteneck?"

„Das heißt, der junge, nicht der alte Baron... Horatio befindet sich auf der Rückreise, und weil ich mich unterwegs verspätet hatte — ich gehe nämlich die meisten Wege doppelt wie die Hunde, aber aus purer Wißbegierde — glaubte ich meinen Freund und Studiengenossen schon auf der Burg seiner Väter zu finden... Ich bin sehr begierig, ihn zu sprechen, denn ich habe ihm mancherlei Mittheilungen zu machen, die ihn viel beschäftigen werden... Wissen Sie schon, daß der Herr Baron seit Kurzem in Hamburg weilt?"

„Das Erste, was ich höre!" sprach Tobias

und schnäuzte das Licht, mit welchem Rahel eben eingetreten war. „Was sagst Du dazu, Mutter?"

Rahel schwieg, richtete aber ihre sanften Augen fragend auf den studirten Herrn, dessen Gelehrsamkeit ihr großen Respect einflößte.

Anton Wacker rückte seinen Schemel näher an den Sitz des Schulhalters.

„Vater Tobias," sprach er, „ich komme nicht zufällig zu Euch und war auch nicht blos von ungefähr in Alteneck. Mich führt eine bestimmte Absicht hieher, die Absicht, Böses abzuwenden und Gutes zu stiften. Soll das aber gelingen, müssen ehrliche Leute mich unterstützen... Ihr, Vater Tobias, seid so ein ehrlicher Mann... Wollt Ihr?..."

„Wie sollte ich nicht! Wenn ich nur kann..."

„Horatio hat von seinem eigenen Vater die Mittheilung erhalten, daß Hubert, welcher für einen Anverwandten Barbara's galt, lebt, und daß sein Wiedererscheinen in Alteneck nicht zu den Unmöglichkeiten gehört... Sie kennen diesen Hubert?"

Tobias Helfer bejahte nur durch eine sprechende Geberde.

„Sie kennen auch Vater und Mutter?"

„So ist es!... Und Horatio?"

„Meinem Freunde muß dieser dunkle Punkt in dem Leben seines Vaters gegenwärtig noch verborgen bleiben. Das ist aber nur möglich, wenn man Hubert verhindert, den Schauplatz seiner Jugend wieder zu betreten."

„Ich glaube nicht, daß Hubert seinem Halbbruder gefährlich werden kann, wenn er nicht erfährt, wer sein Vater ist," warf Tobias ein.

„Ich habe Grund zu glauben, daß ihm diese Kenntniß bereits geworden ist," fuhr Anton Wacker fort. „Wie und durch wen, das kann uns vorerst gleichgiltig sein. Täusche ich mich aber nicht, so wird Hubert auch nicht ruhen, bis er dem Baron in die Augen schauen kann. Der Baron selbst mag dies fürchten, und daraus erklärt sich seine eilige Reise nach Hamburg."

Tobias ward von diesen Mittheilungen sehr beunruhigt. Er drang mit Fragen in Anton, bis er diesem Alles, was er von dem Schäfer Clemens noch vor Horatio's Reise erfuhr, entrissen hatte, und auch den Inhalt des Briefes kannte, welchen der junge Baron an seinen Freund Wacker schrieb.

„Horatio bringt auf die Entfernung der alten Barbara," setzte Anton hinzu, „und dieses Verlangen ist leicht zu erklären. Wie aber läßt sich die Person aus dem Schlosse schaffen?... Man müßte sie zu einer Reise bewegen..."

Der Schulhalter ging stillschweigend mit sich zu Rathe. Rahel deckte den Tisch, mischte sich mit keinem Worte in das Gespräch, hörte aber sehr aufmerksam zu.

"Es giebt nur einen Weg, zu dem ich rathen kann," sagte Tobias nach einer Weile und nöthigte Anton an den Tisch, wo Rahel ein frugales Abendbrod aufgesetzt hatte. Dieser Einladung folgte der junge Gelehrte mit Vergnügen, indem er, Messer und Gabel ergreifend, sagte:

"Und sie erheben die Hände zum lecker bereiteten Mahle!"

"Also einen Weg nur giebt es, Vater Tobias?.. Bitte, zeigt ihn mir und zwar gleich, denn die Sache hat Eile... Binnen wenigen Tagen kann Horatio schon hier sein, und wenn Barbara dann ihre alten Nücken bekommt, so stehe ich nicht dafür, daß es zwischen ihr und meinem Freunde zu äußerst unangenehmen Erörterungen kommen kann... Aufgeregt hat ihn schon der Brief des Vaters, und auch sonst scheint er sich nicht in der heitersten Stimmung zu befinden... Seine schöne Cousine, die launenhafte Comtesse von Allgramm, mag dem galanten Herrn Vetter den Kopf manchmal durch ihre Einfälle und Extravaganzen heiß genug gemacht haben!.. Darum frisch heraus mit der Sprache, Vater Tobias!.. Mutter Rahel, Brod und Eier sind von unübertrefflicher Güte!

Darum geschehe auch beiden ihr Recht zur Ehre der Hausfrau.
Denn seinen Freund nur ehret ein Gast, der tapfer auch zulangt."

Anton bewies dies durch die That und mit dem gesunden Appetit der Jugend, welche Freud' und Leid nicht dauernd verstimmen kann.

„Der Weg, den ich meine," sprach Tobias, „führt durch die Feengruft. Clemens allein hat Gewalt über Barbara."

Anton ließ Messer und Gabel sinken. Er gedachte seiner Unterredung mit dem alten Manne, als ihm Barbara ohne sein Zuthun mitgetheilt hatte, es lebe in weiter Ferne ein Sohn des Barons, den dieser nicht als legitimes Kind anerkennen wolle.

„Der Schäfer von der Heidenlehne!" sprach er und schlug sich mit der flachen Hand leicht vor den Kopf. „Wie konnte ich auch so dämelig sein und nicht selbst an diesen Mann denken!.. Ja, Vater Tobias, das ist der einzige richtige Weg, den wir einzuschlagen haben und der uns auch zum Ziele führen wird. Der Seher Teiresias war nicht weiser als dieser Prophet im Schafspelze, der Macht hat über Weib und Kind, über Frau und Jungfrau, über Barone und Grafen!

Auf denn, Lehrer des Volks, umgürt' ohne Saumen die
Lenden,
Hole dervor das elastische Rohr mit geschnittenem Griffe,
Und geleite mich Schwachen durch Regen und nächtliches
Dunkel
Zu des geweihten Priesters Altar den er selber errichtet!"

„Wenn ich den Sinn Ihrer Worte nicht mißverstehe," entgegnete lächelnd der Schulhalter, „so haben Sie die Absicht, den Schäfer in meiner Begleitung zu besuchen. Dazu möcht' ich jedoch nicht rathen, am wenigsten jetzt. Es wäre möglich, daß wir ihn weder in seiner ärmlichen Behausung noch in der Grotte unter den Riesensteinen träfen... Clemens hat seine besonderen Liebhabereien und Gewohnheiten und ist eine ausgewetterte Natur, die nichts ansicht. Auch benutzt er häufig die Nächte, um seine Kenntnisse zu vermehren und sich in den Besitz von Geheimnissen zu setzen, die anderen Leuten verborgen bleiben, denn er bedarf wenig Schlaf. Finden Sie aber, daß ich recht habe, so werde ich morgen selber zu dem Schäfer gehen und ihn bitten, daß er zu mir kommt. Das fällt Niemand auf, denn Clemens geht in alle Häuser, und mir selbst wäre es auch lieb, wenn ich ihm einmal ohne Zeugen ein paar Fragen vorlegen könnte."

Anton wollte schon wieder in Versen antworten, ein Blick aber auf Rahel bewog ihn doch, die einfach verständliche Prosa vorzuziehen.

„Ihr seid der Aeltere, mithin auch der Verständigere," sprach er. „Es erhebt sich nun aber eine andere Frage, die ich in Anbetracht der Verhältnisse aufwerfen muß. Wo lege ich mein von ambrosischen Locken umwalltes Haupt zur Ruhe nieder?"

„Dafür, denk' ich, wird Mutter Rahel wohl Rath schaffen, wenn Vorbereitungen dazu überhaupt nöthig sein sollten," erwiderte Tobias. „Ich glaube, die Pritsche ist noch nicht abgeschlagen, auf welcher Joachim schlief, wenn er über Nacht bei uns blieb. Dunenkissen kann ich Ihnen freilich nicht anbieten."

Der Freund Horatio's war mit dieser Antwort sehr zufrieden und erkundigte sich, da der Name Joachim genannt wurde, sogleich nach diesem Sohne des alten Organisten, welcher ja bei der Befreiung Caspar Spät's aus dem Gefängnisse eine wichtige Rolle mitgespielt hatte.

Ein glückliches Lächeln überglänzte neu belebend die verfallenen Züge des Schulhalters.

„Wie sich doch Alles so passend zusammenfindet!" sprach er und ging zu dem alten Stehpulte, dem er die vor Kurzem erhaltenen Briefe entnahm. „Die Zeit, mein werther Herr Wacker, soll Ihnen nicht lang werden. Hier, lesen Sie!.. Sie sind ja ein Freund und Vertrauter derer, die hier ihre Stimme vernehmen lassen... Vielleicht auch lernen Sie noch 'was dazu, denn alle Weisheit der Welt hat noch Keiner in sich aufgenommen..."

Er reichte Anton die Briefe aus Buenos-Ayres, setzte sich ihm gegenüber und erheiterte sich an dem lebhaften Mienenspiel des jungen Gelehrten, der mit großer Aufmerksamkeit und inniger Theilnahme die uns bekannten Mittheilungen zu lesen begann. Plötzlich stutzte er, strich sich mit der Hand über die helle Stirn, blickte den Alten an und sah wieder in die beschriebenen Blätter.

„Stößt Ihnen etwas auf, das beunruhigen könnte?" fragte Tobias. Anton hörte nicht.

„Heedfull? Heedfull?" sprach er. „Das ist ja derselbe Name, der in Horatio's Briefe vorkommt!... Heedfull!..."

Nun horchte auch Tobias auf. Rahel setzte sich ebenfalls an den Tisch, legte die Arme darauf und blickte den Sohn des Einöd'=Schulzen mit fragenden Augen an.

„Hat der Name etwas Auffälliges?" fragte Tobias abermals, da Anton noch gar nicht Miene machte, eine Meinung zu äußern.

„Ich will nicht verhehlen, daß mich beunruhigt, was hier geschrieben steht," erwiderte Anton Wacker. „Es müßte ganz sonderbar zugehen, wenn der Compagnon Eurer Söhne nicht derselbe Mann wäre, von dem Horatio schreibt!..."

„Der junge Herr Baron?" fiel Rahel ein.

„Mein Freund, Horatio von Alteneck. Comtesse von Allgramm kennt diesen Herrn, den rücksichtslosen Yankee, vor dessen Reichthum sich Alle beugen, und der ein eben so merkwürdiger als unliebenswürdiger Mensch sein muß..."

„Das ist kaum denkbar," sprach Tobias. „Wie käme der Compagnon meiner Söhne, die — wie mir scheint — mehr seine Diener und Werkzeuge als wirkliche Theilnehmer an seinem Geschäfte sind, zu so vornehmer Bekanntschaft?"

„Ueber das Wie, Vater Tobias, wollen wir nicht lange nachgrübeln," versetzte Anton. „Es liegt gar nichts daran. Ist aber Master Heed=

full, welcher in Ostende mit einem noch andern Amerikaner, der ein Chilene sein soll, und den die Comtesse Maximiliane von Allgramm kennen lernte, derselbe Mann, von dem Eure Söhne in diesem Briefe sprechen, dann wird es hohe Zeit, sie vor diesem versteckten Charakter zu warnen!... Reich, klug, unternehmend mag Master Heedfull sein, ein guter Mensch aber ist er schwerlich! Und das läßt mich für die Freunde fürchten, die nicht so gewitzigt sind wie die eingeborenen Amerikaner."

Rabel seufzte und sagte halblaut vor sich hin:

„Ach, die armen Kinder!... Säßen sie doch hier unter uns!... Was nützen alle Schätze der Erde, wenn die Zufriedenheit nicht in unserem Herzen wohnt!"

„Na, Mutter," fiel Tobias ein, „laß uns nicht klagen!... Mich dünkt, wir haben mehr Ursache, Gott zu danken, als zu jammern... Die Kinder sind gesund, und sie haben ihr gutes Fortkommen drüben gefunden... Freunde fehlen ihnen ebenfalls nicht, und wenn die Sonne auch nicht täglich gleich hell und warm auf sie herabscheint, na, was thut das!... In Geschäftsangelegenheiten sind diejenigen immer die besten, welche

auch Anderen das Meiste zu verdienen geben...
Das hat Ludwig, welcher die Welt gründlicher
kennt als Joachim, durch seinen längeren Aufent=
halt in Amerika erfahren, und darum greift er
zu, wo die Gelegenheit sich bietet... Und muß
denn überhaupt ein Mensch gleich von Charak=
ter schlecht und durch und durch verdorben sein,
weil er in weltlichen Dingen die Meisten, die
weniger scharfblickend sind, weit übersieht?...
Nein, Mutter, ich denke besser von den Menschen,
und gebe keinen eher verloren, bis Gott selber
ihn von sich stößt!... Sei nicht bange um un=
sere Kinder!... Ludwig und Joachim sind beide
Männer geworden und nicht ohne Trübsal durch's
Leben gegangen!... Man wird sie betrügen, we=
nigstens übervortheilen können, nie aber gebe ich
zu oder bange ich, daß sie sich durch Aussicht auf
hohen Gewinn von Fremden zu Schlechtigkeiten
werden verleiten lassen..."

Das waren Worte, die Rahel zu Herzen gin=
gen und daher ihre Wirkung nicht verfehlten. Sie
drückte Tobias die Hand und sagte:

„Ich bin schon ruhig geworden, Vater...
Die Kinder stehen in Gottes Hand."

„Sie legte die Briefe, die Anton zurückgab,

wieder in das Pult und nahm den Schlüssel an sich.

„Von diesem Heedfull muß ich mehr erfahren," sagte der Freund Horatio's. „Schade, daß der vielwissende Schäfer uns nicht Auskunft über ihn geben kann!... Ich bin doch sehr gespannt zu erfahren, was Horatio, der so mancherlei von der Comtesse über ihn gehört haben muß, von ihm denkt..."

Tobias Helfer lenkte das Gespräch auf Anton's eigene Verhältnisse und auf die Pläne des jungen Mannes.

„Fest binden will ich mich noch nicht," versetzte dieser. „Ich habe Zeit und kann noch ein paar Jahre warten. Diese gedenke ich am nützlichsten anzuwenden, wenn ich mir, was bisher unterbleiben mußte, die Welt ein wenig ansehe. Meinen Vater habe ich schon dafür gewonnen, und wenn Horatio sich nicht nächster Tage entweder in seine Cousine oder in irgend eine andere moderne Schönheit bis über die Ohren verliebt, so bedarf es wohl blos eines Winkes von mir, um einen unterhaltenden Begleiter zu bebekommen. Schloß Alteneck fesselt meinen Freund nicht, so lange daselbst Alles beim Alten bleibt."

Rahel nickte über der weiteren Unterhaltung

ihres Mannes mit Anton ein, und da auch dieser das Bedürfniß nach Ruhe fühlte, wünschte er dem alten braven Ehepaare gute Nacht, und streckte sich gemächlich auf die mit weißen Decken belegte Pritsche, wo er sehr bald fest einschlief.

3.
Der Fund Andrea's noch einmal.

Gegen Morgen war es hell und kalt geworden. Tobias stand seiner Gewohnheit gemäß früh auf, und ehe es noch recht lebendig im Dorfe ward, klopfte der alte Mann schon an das Häuschen des Schäfers am Fuße der Heidenlehne.

„Ich habe Euch erwartet, Helfer," sprach Lotto=Clemens, als er dem frühen Besuche die Thür öffnete. „Flink bellte so unruhig, aber nicht mürrisch, und im Traume spracht Ihr zu mir... Nicht wahr, Ihr wollt meinen Rath hören?"

„So ist es, Clemens, aber nicht hier," versetzte Tobias... „Ich komme, Euch abzuholen... Hoffentlich störe ich nicht?"

„Für Freunde und gute Menschen habe ich immer Zeit," sprach der Schäfer, ergriff seinen langen Stab und pfiff dem Hunde. „Paß' auf, Flink, daß uns Keiner zu nahe kommt!.."

Die beiden Alten schritten die gekrümmte Straße hinunter, und der Schulhalter theilte Clemens mit, daß der junge Herr schon in den nächsten Tagen von seiner Reise zurückkommen werde und nicht mit Barbara zusammen zu treffen wünsche. Der Schäfer hörte aufmerksam zu, sagte aber nichts.

„Ich werde erst mit Anton Wacker und spätrr mit Barbara sprechen," versetzte er nach einer Weile. „Aus Alteneck vertreiben lasse ich die Frau nicht, das läuft wider mein Gewissen, aber sie kann auf kurze Zeit ihren Wohnort anderswohin verlegen... Auf Schloß Rothstein stehen Zimmer genug leer."

„Was fällt Euch ein, Clemens!" rief Tobias und stützte sich auf seinen Rohrstock. „Der Graf wäre im Stande..."

„Das arme Weib fortzujagen?" unterbrach ihn der Schäfer. „Laßt das meine Sorgen sein, ehrlicher Helfer!.. Man soll Barbara kein Haar krümmen, bis ich die Erlaubniß dazu gebe."

Die Wohnung des Schulhalters war er=

reicht. Hell schien die Herbstsonne in die mit frischem Sand bestreute Stube, wo Rahel ihrem jungen Gaste schon die zweite Tasse Kaffee vorsetzte, obwohl dieser dagegen remonstrirte; denn hatte er am Abend vorher die kräftigen Speisen der wackern Frau sehr schmackhaft gefunden, so wollte ihm der Kaffee desto weniger munden. Frau Rahel aber nöthigte so lange, bis Anton ihr doch den Willen that. Er frohlockte innerlich, wie er die beiden Alten eintreten sah. In dem kleinen, nach hinten gelegenen Zimmer, wo der Webstuhl Helfer's stand, trug Anton Wacker dem Schäfer sein Anliegen vor. Clemens versprach, sich in's Mittel zu legen, wenn man ihm völlig freie Hand lasse. Anton ward stutzig.

„Sie mißtrauen mir," sagte der Schäfer. „Dann will ich mich nicht aufdringen."

Er wollte gehen.

„Nicht doch, Clemens!" rief der Sohn des Einöd'=Schulzen. „So hört mich doch an... Ihr wißt, Horatio von Alteneck ist mein Freund... Er gleicht seinem Vater wenig..."

„Der junge Herr Baron ist seiner Mutter ähnlich... Schon deshalb nehme ich Theil an ihm..."

„Ihr wollt ihm wirklich wohl, Clemens?"

„So lange er es verdient."

„Dann könnt Ihr mir auch sagen, wohin Ihr Barbara zu führen beabsichtigt."

„Von Dingen, die erst geschehen sollen, darf man nicht sprechen... Mir glückt nur das, was ich geheim halte."

„Ich bin aber fast so sehr dabei betheiligt, wie mein Freund."

„Um so mehr ist Geheimhaltung geboten."

Anton schwieg, zufrieden aber mit der Unterredung war er nicht.

„Wann soll Barbara ihren Auszug halten und wie lange kann die Anwesenheit des jungen Herrn auf Alteneck dauern?" fragte der Schäfer. „Den alten Herrn Baron haben wir nicht zu scheuen, der hat sich festgebissen an einer Angel die ihn so bald nicht wieder loslassen wird."

„Ihr sollt es erfahren, sobald ich mit Horatio gesprochen habe."

„Dann ist's gut, und wir sind einig," sprach Clemens. „Morgen Abend schon, wenn es gelingt, Quartier für die Arme zu machen, wird Barbara Schloß Alteneck verlassen."

Anton Wacker und der Schäfer reichten sich die Hände.

„Ich gehe nach der Einöd', um die Aeltern auf ein paar Stunden wieder zu sehen," sagte der junge Gelehrte. „Dort will ich an Horatio schreiben, damit er von mir noch Antwort erhält, ehe er Leitmeritz verläßt, wo er den Kanonikus Moosdörfer besuchen will."

„Die Moosdörfer sind sehr ehrenwerthe Leute," versetzte der Schäfer. „Ich habe sie immer gern gemocht; weil sie aber nicht sind wie die meisten Menschen, werden sie oft verkannt und falsch beurtheilt."

Anton verabschiedete sich von seinen freundlichen Wirthen und schlug, ein lustiges Commerslied in den Bart brummend, den geradesten Weg nach dem Hofe seines Vaters ein. —

Tobias und Clemens sahen dem jungen Manne nach, bis er ihren Blicken entschwand. Dann ergriff der Schulhalter des alten Schäfers Hand und sagte mit so recht zutraulich herzlichem Tone:

„Clemens, Ihr könntet mir einen großen Gefallen thun!"

„Redet, Helfer! Mich zu bitten ist überflüssig."

„Wie lange kennt Ihr den Grafen?"

„Achim von Rothstein?"

„Einen andern kann ich nicht meinen."

„An die dreißig Jahre..."

„Ihr dientet unter ihm?"

„Als ich dem Regimente zugetheilt wurde, bei welchem Graf Rothstein stand, ward ich bald sein Untergebener. Er wünschte es selbst, weil ich sein Landsmann war."

„Hm," sagte Tobias und strich sich die dünnen Locken seines weißen Haares in den Nacken, „in den letzten Feldzügen, zumal in den russischen, ist es wohl sehr bös zugegangen?"

„Man thut gut, darüber zu schweigen, um nicht an einer ewig waltenden göttlichen Vorsehung zu zweifeln!"

„Ich verlange auch nicht, daß Ihr mir von jenen längst vergangenen und, Gott Lob, auch so ziemlich vergessenen Tagen erzählen sollt," entgegnete Tobias und schloß das kleine Stehpult auf, auf das er sich stützte. „Mir kam nur der Gedanke, Ihr könntet, da Ihr ein Mann seid, der vieler Herren Länder gesehen und mit allerlei Volk verkehrt hat, vielleicht Aufschluß geben über die Bedeutung von Papieren, die meine Tochter Andrea vor einiger Zeit im Zimmer seiner gräf=

lichen Gnaden fand und die sie mir zeigte, weil
sie dicht beschrieben sind."

Des Schäfers Augen leuchteten.

"Papiere, sagt Ihr?" sprach er nachdenklich.
"Beschriebene Papiere, die der Graf verloren
hat?.. Je nun, Helfer, begucken möchte ich mir
die Dinger doch..."

Tobias hob den Deckel des Pultes und ent=
nahm demselben ein kleines Paket.

"Ich kann die Schrift nicht lesen," sprach er,
"und auch die Sprache verstehe ich nicht... Euch
geht es vielleicht nicht besser, da Ihr aber so
lange Zeit der vertraute Diener des Grafen ge=
wesen seid und er Euch, wie ich aus seinen
eigenen Aeußerungen weiß, viel zu verdanken
hat, so kommt Euch wohl ein treues Gedächt=
niß mit zu Hilfe... Ich habe kein Interesse
an diesen Papieren, ich möchte nur wissen, ob
es klüger wäre, sie aufzuheben oder zu ver=
brennen?.."

So sprechend löste Tobias die Hülle und
breitete die in Stücke von verschiedener Größe
zerrissenen Papiere auf dem Tische aus.

"Das ist Russisch!" sprach der Schäfer und
beugte sich über die Schriften. "Leider verstehe

ich wenig von der Sprache, lesen aber kann ich Geschriebenes eben so gut wie Gedrucktes."

Tobias bedeckte fast den ganzen Tisch mit dem Funde seiner Tochter, und Lotto=Clemens betrachtete jedes Blatt genau, wobei sein Auge immer feuriger aufleuchtete, seine Brust aber immer schwerer athmete... Endlich schob er die Schriften wieder zusammen und legte die Hülle wieder darum.

"Es ist, wie ich gleich vermuthete," sagte er, "denn die Handschrift kam mir bekannt vor, da wohl die Mehrzahl dieser alten Zettel durch meine Hand an den Grafen gelangten... Es sind die Briefe der Gräfin Eudoxia, die einem alten russischen Fürstengeschlecht angehörte..."

"Man sagt, der Graf habe eine vornehme Russin geliebt... sei mit ihr verlobt, ja sogar verheirathet gewesen!.. Clemens, lügt das Gerücht, vor dem sich das Volk bekreuzt, oder spricht es die Wahrheit?..."

Der Schäfer legte seine harte, schwielige Hand auf die Briefe und sagte in einem Tone, welcher dem alten Schulhalter durch Mark und Bein ging:

"Diese Schriften, Tobias Helfer, sind mein, das heißt, ich werde dieselben in Verwahrung nehmen, bis ich sie derjenigen wieder übergeben kann, die sie niederschrieb..."

„Was sagt Ihr, Clemens!" rief der Organist erschüttert. „Die vornehme Russin, des Grafen ehedem verlobte Braut lebt noch?"

Der Schäfer neigte finster blickend sein greises Haupt.

„Sie lebt," sprach er, „und ich hoffe, sie wird noch so lange leben, bis das Verbrechen gesühnt ist, das Graf Rothstein an diesem unglücklichen Weibe begangen hat... Diese Briefe sollen diese Sühne herbeiführen helfen!... Ich habe nicht geglaubt, daß sie noch vorhanden seien... Darum auch war der armen Gräfin nicht zu helfen!... Ich wenigstens sah keinen Ausweg..."

„Steht Ihr denn heute noch mit dieser Russin in Verbindung?" fragte Tobias ganz betroffen. „Seit der Verheirathung des Grafen mit Isabella von Freising habt Ihr meines Wissens Hohen=Rothstein ja kaum auf Tage verlassen..."

„Forscht nicht, Tobias Helfer, und bezwingt Eure Neugierde," antwortete der Schäfer. „Ich darf nicht sprechen, bis ich gethan habe, was ich für Recht halte... Ohne Absicht ward ich nicht Schäfer auf Hohen=Rothstein, und ohne Zweck setzte ich mich nicht fest in der Feengruft!... Es ge=

schah Alles nach einem wohl überdachten Plane, den ich Niemand verrathen durfte, wollte ich ihn zum Heile und zur Rettung vieler schwer Irrender glücklich durchführen... Noch habe ich das Ziel nicht erreicht, aber ich sehe es in der Ferne wie einen glänzenden Stern aus finsterem Gewölk schimmern... Diesen Stern wird mein Auge festhalten und ihn sich zum Führer erwählen, und wie auch kurzsichtige, stumpfsinnige oder bösartige Menschen über mich urtheilen mögen, ich werde unbeirrt darauf zusteuern!... Ich weiß es, Tobias Helfer, daß Einige mich wie ein unheimliches Wesen betrachten, Andere mich für einen Narren halten. Ich vergebe ihnen das; denn wollte ich diese Thörichten aufklären, so würde ich Niemand nützen... Zwei Menschen nur hassen und fürchten mich gleich stark, und würden es gern sehen, wenn der Tod mich dahin raffte, Graf Achim von Rothstein und Adam Baron von Alteneck!... Ihretwegen aber wünsche ich gerade noch recht lange zu leben, denn nur wenn der ewig gerechte Gott, der allgütige Vater guter und böser Menschen mir das Leben durch seine Gnade noch mehrere Jahre fristet, wird es mir gelingen, zum Guten zu wenden, was diese verblendeten Herren in ihres Herzens Eitelkeit und

von wilden Leidenschaften beherrscht, Böses an=
stifteten, und, damit sie sich selbst erhalten möch=
ten, es nun auch durchzuführen sich angelegen
sein lassen!... Nicht Haß regelt mein Handeln,
die ewige Liebe treibt mich zu Allem, was ich
thue!... Und ich hoffe, Tobias Helfer, Gott, der
in mein Herz sehen kann, wird Nachsicht haben
auch mit mir, wenn ich mich vielleicht in den
Mitteln vergreifen sollte."

Clemens nahm das Paket mit den Brief=
fragmenten an sich. Tobias wollte ihn nicht hin=
dern. Das von des Schäfers Lippen eben ver=
nommene Bekenntniß imponirte ihm ... Er würde
Unrecht gethan haben, hätte er die Schriftstücke,
die er weder lesen noch verstehen konnte, dem
Schäfer vorenthalten wollen.

„Wohin geht Ihr?" fragte der Schulhalter,
als Clemens seinen Stab ergriff und seinem
Hunde winkte, der, seiner Gewohnheit nach, den
Kopf zwischen beiden Vorderpfoten, Wache haltend
vor der Thürschwelle lag.

„Erst bringe ich diesen Schatz in Sicherheit,"
versetzte der Schäfer und legte die Hand auf die
Seitentasche seines Schafpelzes, in der sich die
Briefe der russischen Gräfin befanden. „Ist das
besorgt und habe ich meine Knechte instruirt,

dann gehe ich nach Alteneck, um ein paar Worte im Vertrauen mit Barbara zu wechseln..."

Er schüttelte dem Schulhalter die Hand und verließ, von den stillen Segenswünschen desselben begleitet, das Haus.

4.
Der Schäfer und Barbara.

Am Tage der Abreise des Barons von Alteneck hatte Andrea ihren Einzug auf dem Schlosse gehalten. Sie fühlte sich daselbst bald heimisch und gefiel sich ungleich besser wie auf Rothstein. Die Hauseinrichtung war ansprechender, wenn man sie auch nicht gemüthlich nennen konnte. Es herrschte überall ein gewisser Comfort, der indeß nicht in Pracht ausartete. Mehr noch als diese häusliche Einrichtung sprach Andrea der gut erhaltene Park an, den man aus der breiten, doppeltreppigen Veranda ganz übersehen konnte, und in welchem die Tochter des Organisten nach Belieben sich umsehen oder zur Erholung herum spazieren durfte. Aufseher und tückische Späher, die Andrea auf Rothstein stets fürchtete, obwohl sie

nicht vorhanden waren, belästigten sie in Alteneck
nicht, denn diejenigen Diener, welche allenfalls
die Rolle solcher Aufpasser zu spielen befähigt
gewesen wären, begleiteten ihren Herrn.

So war denn Andrea unerwartet aus einer
Magd, die fast wie eine Gefangene lebte, eine
Herrin geworden, der Niemand Vorschriften zu
ertheilen hatte, und die über ihre Zeit ganz nach
eigenem Gutdünken verfügen durfte.

Barbara, die Frau mit dem goldenen Horn,
kam Andrea freundlich entgegen. Die vor Gram
und in Folge der vielen Seelenleiden, die sie er=
dulden mußte, früh alt gewordene Frau fand
Wohlgefallen an dem jungen Mädchen, dessen
schlanker Wuchs sie an ihre eigene Jugend erin=
nerte. Sie selbst durfte sich rühmen, einst schön
gewesen zu sein, und worin vor langen Jahren
ihr eigenes größtes Glück bestanden hatte, das
gönnte sie, ohne Neid zu empfinden, dem jungen
Nachwuchs.

Barbara wußte außerdem nichts Anderes, als
daß Andrea ihr zur Hand gehen, von ihr Wei=
sungen annehmen und die Beaufsichtigung und
Instandhaltung des ganzen Schlosses mit ihr
theilen solle. Das gab denn ein gutes Einver=
nehmen, und Schloß Alteneck hatte seit langer

Zeit keine so ungestört friedlichen Tage ge=
sehen.

Allerdings gab Andrea sich keine Blöße.
Ward Barbara bisweilen gesprächig, so hörte sie
ruhig zu, indem sie weder Einwürfe machte, noch
durch Fragen sie zu neuen Mittheilungen auf=
stachelte. Aber auch Barbara blieb bis zu einem
gewissen Grade zurückhaltend... Sie erzählte
von dem Baron, verschwieg nicht seine Schwächen,
und tadelte diese sogar bitter, wenn sie nicht
gar schonungslos ein Verdammungsurtheil dar=
über aussprach. Ueber das Verhältniß, das sie
selbst an den Baron und diesen wieder an sie
knüpfte, beobachtete Barbara die discreteste Ver=
schwiegenheit. Dagegen erzählte sie oft von Ho=
ratio's schöner, zarter und immer leidender
Mutter, gab dem zukünftigen Erben das beste
Zeugniß, und lobte ihn als einen freundlichen,
gütigen Herrn, der gewiß dereinst ein recht mil=
des Regiment führen werde.

Andrea schwieg auch dazu; ihre Gesichtsfarbe
mochte sich aber doch wohl einige Male bei dem
Lobe des jungen Barons verändert haben, denn
Barbara schloß ihre Rede mit der herb klingen=
den Bemerkung:

„Alles in Allem bleibt der junge Herr doch

auch ein Baron und wird schwerlich aus der
Art schlagen. Das sage ich nur, um Dich zu
warnen, mein Kind! Tauben, die von eines armen
Schulmeisters niedrigem Strohdache auf die
Thurmzinne eines alten Schlosses fliegen, pflegen
von Habichten zerrissen zu werden!"

Andrea verstand die Warnung Barbara's,
dachte aber trotzdem an Niemand lieber als an
Horatio, der sich von allen Männern, die sie
kannte, bis jetzt am artigsten und zartesten gegen
sie benommen hatte.

Sehr oft nahm Barbara, die ihr grämliches
Wesen ganz abgelegt hatte, Andrea Helfer mit
in die Eremitage, wo sie am liebsten weilte.
Hier knüpfte sie auch gewöhnlich ihre Erzählungen
an, die alle tief in die Vergangenheit zurück=
griffen; denn geistig lebte die Beschließerin von
Alteneck mehr in der Vergangenheit als in der
Gegenwart.

Ein solcher Rückblick in vergangene Tage
hatte Barbara eben veranlaßt, Andrea das so=
lenne Begräbniß der Baronin zu schildern, als
eins der dienenden Mädchen ihr die Meldung
brachte, der Schäfer von der Heidenlehne sei
im Schlosse erschienen und verlange mit ihr zu
sprechen.

13*

Das war ein Ereigniß; denn Lotte-Clemens hatte seit Jahren Schloß Alteneck mit keinem Fuße betreten. Es war ja das Grab seines Glückes, seiner Hoffnungen geworden, und was bedurfte dieses Grab seiner Pflege, da es in Barbara eine so treue und stets wachsame Hüterin besaß?...

„Der Schäfer Clemens?" wiederholte Barbara und verließ an Andrea's Seite die Eremitage. „Es muß eine sehr wichtige Botschaft sein, die mir der alte Mann zu überbringen hat."

Unaufgefordert entfernte sich die Tochter des Schulhalters, um Barbara Zeit zu ungestörter Aussprache mit dem Schäfer zu lassen. Dieser erwartete die Beschließerin in der Veranda, unter welcher er auf und ab ging.

„Was bringst Du mir, Clemens?" redete Barbara den alten Mann an, der ihrer Treulosigkeit wegen sich selbst auf Lebenszeit zum Cölibat verurtheilt hatte... „Ist Hubert's Aufenthalt endlich bestimmt entdeckt, und werde ich den lang entbehrten Sohn wieder an mein Herz drücken?..."

Clemens sah die betrogene Mutter mit seinen strahlenden Augen eine Zeit lang an, als wolle er Alles lesen, was in ihrem Herzen geschrieben stand, und ihre geheimsten Gedanken und Wünsche erlauschen. Dann reichte er ihr seine Hand und sagte:

"Ich höre, daß es Dir jetzt ganz nach Wunsch geht, Bärbchen, und freue mich darüber... Mit Andrea kannst Du Dich gut vertragen, nicht wahr?"

"Andrea ist ein gutes und williges Mädchen, Clemens. Sie nimmt Lehre an, und will nicht klüger sein als ältere Leute."

"Dann kannst Du ihr gewiß viel anvertrauen?"

"Alles!... Das geschieht auch schon seit Wochen; aber ich lasse es die junge Person nicht merken, damit sie nicht eingebildet wird."

"Würdest Du Andrea wohl für einige Tage die Schlüssel allein übergeben?"

"Ist das nöthig?" fragte Barbara. "Verlangt es etwa der Baron?... Es sieht ihm ähnlich, denn er will mich gern los sein... Aber — setzte sie zweifelnd hinzu — dann hätte er sich doch wohl nicht an Dich gewandt?..."

"Siehst Du das ein, Bärbchen?" versetzte Clemens und lächelte sie freundlich und mit verschmitztem Augenblinken an. "Nein, diesmal ist der Baron unschuldig... Es ist mein Wunsch, daß Du einige Tage Andrea ganz allein hier wirthschaften läßt..."

„Dein Wunsch, Clemens?"

„Und zugleich meine Bitte, die Du mir nicht abschlagen wirst."

Er legte seinen Arm um Barbara's Taille und ging, den schneeigen Kopf zu ihr niedergebeugt, mit ihr in der Veranda auf und nieder.

„Adam von Alteneck hat einen Freund, der auch sein Spießgeselle war bei den vielen Schlechtigkeiten, zu den ihn Hochmuth und heißes Blut in der Jugend wie im Mannesalter fortrissen," begann der Schäfer. „Dieser Freund des Barons, Graf Achim von Rothstein, ist krank und bedarf weiblicher Pflege... Die Krankheit selbst hat nichts zu bedeuten, denn sie liegt mehr in der Einbildung... Er fühlt sich einsam in dem weitläufig gebauten Schlosse, und da mag er Niemand um sich haben, weil er keinem Menschen traut... Ich vermuthe indeß, Seine gräfliche Gnaden stellen sich nur so an... Es reut den alten Herrn, daß er das hübsche Ding, die Andrea, sich aus dem Garn hat gehen lassen. Jetzt, denke ich mir, möcht' er sie gern wieder zurück haben, wär' es auch nur, um sie dreist

angucken und nach Herzenslust durch Redensarten
quälen zu können... Das soll ihm nun nicht
gelingen; aber ich glaube, er giebt sich zufrieden
und wird vielleicht auch mittheilsam, wenn er
mit einer dritten Person über Andrea sprechen
kann... Du bist doch auch keine Kostverächterin
in Bezug auf Neuigkeiten; darum dachte ich an
Dich und möchte Dich auf Rothstein für einige
Tage einführen... Langweilen wirst Du Dich
daselbst nicht, denn es giebt auf dem alten Gra=
fenschlosse Mancherlei zu beobachten..."

Barbara hörte aufmerksam zu und blickte den
Schäfer manchmal mit Augen an, in denen ein
Gemisch von Neugierde und Schelmerei seltsam
durch einander spielte. Clemens hatte den rich=
tigen Ton angeschlagen, der tiefen Anklang in
Barbara's Herzen fand.

„Ich war niemals auf Schloß Rothstein,
aber ich habe viel davon erzählen hören," sprach
sie. „Die verstorbene Gräfin geht ja wohl um
auf Treppen und in Sälen?..."

„Davon kannst Du Dich ja selbst überzeugen,
wenn Du eine kurze Zeit Schaffnerin auf Roth=
stein spielst."

„Ist der Graf damit einverstanden?"

„Er wird Dir freundlich begegnen..."

Barbara wandte ihre Blicke dem Parke zu, über dessen Bäumen der Thurm von Schloß Rothstein sichtbar ward. Die weibliche Neugierde triumphirte.

„Ich will Deine Bitte erfüllen, Clemens," sprach sie entschlossen, „nur bedinge ich mir aus, daß aus meinem freiwilligen Besuche auf dem Grafenschlosse kein gezwungener Aufenthalt werden darf!.. Du mußt mir das feierlich versprechen, Clemens!.. Wenn Adam von Alteneck während meiner Abwesenheit von seiner Reise zurückkehrte, wer weiß, was dann geschehen könnte! Denn er grübelt seit Jahren am meisten darüber nach, wie er mich verbannen und mir für immer den Mund schließen kann."

„Verlasse Dich auf mich, Bärbchen, an meiner Hand sollst Du wieder als eigentliche Herrin in Alteneck einziehen!"

Das Wort des Schäfers beruhigte Barbara. Ihre nicht unbegründete Furcht, der Baron könne sie auf diese Weise für immer aus seiner Nähe entfernen wollen, war beseitigt.

„Weiß Andrea darum?" fragte sie den Schäfer, der sich zum Fortgehen rüstete.

„Du selbst magst es dem Mädchen sagen, daß es inzwischen Deine Stelle hier vertreten soll... Ihr Vater oder ihre Mutter, die ich erst gestern deshalb sprach, sind einverstanden und sehen wohl auch einmal zum Rechten."

"Wann soll ich Dich erwarten, Clemens?"

"Mir wäre es bequemer, Du holtest mich aus meinem Häuschen ab. Bis zehn Uhr Morgens kann ich mich frei machen."

Barbara nickte dem Schäfer zu. Dieser sah noch einmal in die kalt gewordenen Augen der Jugendgeliebten und ging mit den Worten: "Ich werde es Dir gedenken, Bärbchen," von ihr. —

5.
Bei Kanonikus Moosdörfer und im Weinhause.

In Leitmeritz war Firmung. Diese feierliche Handlung, vor welcher ein Episkopal-Hochamt von dem Bischofe selbst celebrirt wurde, hatte aus der reich bevölkerten Umgegend viele Landleute, namentlich Obst- und Weinbauer, in die Kreisstadt geführt. Es wimmelte nach Beendigung der kirchlichen Feierlichkeiten in den ziemlich engen Straßen der alten Bischofsstadt von Menschen, Wagen und Pferden. Alle Gasthöfe und Weinhäuser waren überfüllt, und in mehr als einem stattlichen Hause gab es heute Gesellschaft und solennes Familiendiner. Denn die wohlhabenderen Aeltern der Gefirmten hatten sämmtliche Mitglieder der Familie zu diesem Festtage eingeladen.

Auch die geistlichen Herren sahen heute Fremde in ihren Wohnungen und bewirtheten diese sehr freigebig. Am lebhaftesten ging es im Hause des Kanonikus Aloysius Moosdörfer zu, bei dem sich ohne directe Einladung eine Gesellschaft zusammenfand, die den geistlichen Herrn vielfach in Anspruch nahm.

Der Kanonikus war eine gesellige Natur. Er unterhielt sich gern mit Bekannten und Unbekannten, und erweiterte dadurch wesentlich seine Menschenkenntniß. Mit seinem Bruder, dem wohlhabenden Bleicher, hatte er die Eigenschaft gemein, die Welt äußerlich nie merken zu lassen, was ihn innerlich bewegte. Aloysius besaß das Talent, Kummer und Schmerz hinter einer lächelnden Miene zu verbergen, sogar noch in höherem Grade als sein weltlicher Bruder Donatus; man würde ihm aber Unrecht gethan haben, hätte man ihn dieser Begabung wegen der Verstellung oder Heuchelei zeihen wollen. Kanonikus Moosdörfer war nur ein Mensch von starker Willenskraft, wußte sich jederzeit selbst zu beherrschen und beherrschte dadurch auch Andere.

Josephine, die immer leidende Schwägerin des Kanonikus, verweilte schon einige Tage in der

Bischofsstadt, hatte aber Wohnung in einem
Privathause genommen. Der Zweck ihres Kom=
mens war nicht die Firmung, obwohl sie der=
selben mit großer Andacht beiwohnte, sie wünschte
den Rath des welterfahrenen Schwagers in einer
Angelegenheit zu hören, in welcher sie selbst zu
keinem Entschlusse kommen konnte.

Dieser Angelegenheit gedachte nach aufge=
hobener Tafel Aloysius wieder, indem er seinen
Bruder bei Seite nahm, während die übrigen
Gäste durch ein lebhaftes Gespräch gefesselt wur=
den, das sich schon über Tisch angesponnen hatte
und nun seine Erledigung finden sollte.

"Mein lieber Bruder," begann der Kanonikus,
"es betrübt mich sehr, daß meine Worte bisher
so wirkungslos bei dem Manne geblieben sind.
Manchmal mache ich mir Vorwürfe, daß ich auf
Deinen Plan einging. Aber ich war im ersten
Augenblicke, als Du ihn mir mittheiltest, so
ganz davon ergriffen, daß ich nicht widerstehen
konnte... Die Weichheit Deines eigenen Den=
kens steckte mich an, und darum unterstützte ich
Dich... Du wolltest einen Unglücklichen nicht
verderben, und für mich war es Sache des
Amtes, Pflicht des geweihten Priesters, eine auf
Irrwege gerathene Seele zu retten. Leider

scheinen wir dennoch nicht das Rechte getroffen zu haben!"

„Der Unselige hat Dir aber die volle Wahr= heit gesagt," versetzte Donatus Moosdörfer. „Dein Bericht stimmt mit dem Bekenntnisse, das er mir ablegte, genau überein."

„Ich weiß es, lieber Bruder, und eben dar= auf beruft sich der Alte. Er will von der welt= lichen Justiz bestraft werden!"

Der Bleicher schüttelte den Kopf.

„Das sind Grillen, von denen man ihn be= freien muß," sagte er. „Ich werde selbst mit ihm reden, und ich denke, auch Josephine wird diesmal standhaft bleiben."

„Sonst bist Du ohne Nachrichten geblieben?" fragte der Kanonikus. „Du folgtest doch meinen Weisungen?"

„In jeder Hinsicht, Aloysius! Aber der Weg nach den Colonien ist weit. Erkundigungen sollen auch eingezogen werden, und Fremde — Du weißt es — nehmen sich in solchen Dingen Zeit!... Die Unterstützung von Seiten der Di= plomatie wird nicht sehr kräftig sein... Ich fasse mich auch wohl in Geduld, aber meine arme Frau!... Sie leidet unglaublich!..."

„Ich werde noch einmal recht herzlich mit

ihr reden," sagte der Kanonikus. „Da sie ein christliches Gemüth besitzt und gottergeben ist, so wird sie sich auch in den Willen des Ewigen schicken… Uebrigens hoffe ich, ein endliches Zusammentreffen mit Brühs trägt schließlich mehr zu ihrer Beruhigung bei, als meine besten Trostgründe. Freilich begreife ich auch ihre Furcht vor diesem Moment, den sie schon dreimal herbeikommen sah und vor dem sie doch jedesmal wieder zurückschreckte!… Das Menschenherz ist eben ein eitel verzagtes, schwaches Ding!"

„Womit beschäftigt sich Brühs gegenwärtig?" warf Donatus ein.

„Er verrichtet allerhand häusliche Arbeiten und ist dabei eben so geschickt wie ausdauernd. Nur wird er nie heiter, spricht außer mir mit keinem Menschen, und scheint geistig zu leiden."

„O, daß doch Nachricht käme!" rief Donatus Moosdörfer halblaut und seufzte dabei tief auf. „Hätte ich nur einen Fingerzeig, dem man nachgehen könnte!… Vielleicht entdeckte ich dann auch die Spur unserer verlorenen Tochter Seraphine!…"

„Von Seraphine weiß Brühs nichts," sprach der Kanonikus sehr bestimmt. „Ich habe seine Gedanken wiederholt auch auf dieses Kind zu

lenken gesucht, und immer dieselbe ruhig ver=
neinende Antwort erhalten: nur die Seele des
gefundenen Knaben habe er auf dem Gewissen;
ihn habe er aus niedrigstem Eigennutz verdorben,
um ohne Sorgen leben zu können!... Aber
brechen wir vorläufig ab! Unsere Gesellschaft
dort im Erker wird ja merkwürdig laut. Laß
uns hören, was die Comtesse mit so viel Feuer
vertheidigt..."

Das Bruderpaar näherte sich der lebhaft
sprechenden Gruppe im Erker. Im Nebenzimmer
klirrten Tassen und silberne Löffel.

"Helfen Sie mir, hochwürdiger Herr!" rief
Maximiliane von Allgramm, welche seit einigen
Tagen mit ihrer Reisebegleitung in der Bischofs=
stadt weilte und ihre Bekanntschaft mit dem
Kanonikus zu erneuern sich sogleich angelegen
sein ließ. "Unsere jungen Herren werden immer
ungalanter gegen die Damen. Sie begnügen
sich nicht mehr, uns etwas mehr, als die gute
Sitte erlaubt, zu vernachlässigen, sie lassen auch
nicht einmal einen geistreichen Einfall gelten!...
Wenn sie noch verwundert aufhorchten; aber
nein, sie schütteln nur die hochweisen Köpfe und
sagen trocken: Unsinn!"

"Wie, meine Herren, das wagen Sie?"

sprach der Kanonikus lächelnd und trat zwischen diese und die Comtesse. „Ich muß zunächst bemerken, daß ich überhaupt nicht statuire, es gäbe Unsinn. Was wir gemeinhin so nennen, das wird erst durch uns selbst dazu."

„Bravo, Hochwürden, bravo!" rief Marimiliane von Allgramm und bot dem fein lächelnden geistlichen Herrn ihre Hand. „Lassen Sie diese ungalanten Rechthaber tüchtig ablaufen!..."

„Vermag ich es, geübte und gewandte Sophisten ad absurdum zu führen, so wird es meinerseits gern geschehen, Comtesse," erwiderte der Kanonikus, „doch muß ich zuvor bitten, mich mit der verhandelten Streitfrage bekannt zu machen."

„Das soll geschehen, und zwar mit denselben Worten, die ich meinen Gegnern gesagt habe," sprach Marimiliane. „Ich stellte also den Satz auf: wer nur ernstlich wolle und Glauben habe, der vermöge wirklich zu prophezeien!... Ueber dieses Wort nun fängt allen meinen Gegnern der Kopf an lichterloh zu brennen... „Prophezeien?... Im neunzehnten Jahrhundert noch prophezeien!" ruft der Eine. „Man würde sich nur lächerlich machen!" brummt der Andere, während der Dritte und Geistreichste im Paradeschritt den Schulfuchs „Unsinn" in die Schranken reitet."

Die drei Gegner der Comtesse verbeugten sich vor ihr wie auf Commando. Es waren Horatio, der Chilene und Georg Rauerz.

„Sie werden entschuldigen, meine Herren," nahm der Kanonikus wieder das Wort, „wenn ich mit halber Wendung gegen Sie Front mache. Die Prophezeiung stirbt eben so wenig aus wie der Glaube. Ohne Zweifel knüpft auch Ihre liebenswürdige Gegnerin die aufgestellte Behauptung an einen bestimmten Vorfall, den kennen zu lernen mir von besonderem Interesse wäre."

„Nun, da hört Ihr's, Ihr glaubensleeren Heiden mit christlichem Zuschnitt!" erwiderte Maximiliane von Allgramm. „Gott erhalte uns noch recht lange kluge und verständige Priester, damit die Vernunft nicht mit der Tollheit eine Mesalliance eingeht, die lauter Wechselbälge auf die Welt bringt!... Ja, Hochwürden, es ist, wie Sie vermuthen, und ich will Ihnen den Fall in aller Kürze vortragen."

Maximiliane erzählte nun das Abenteuer mit der alten Bettlerin, die ihr zuerst auf der Riva de' Schiavoni begegnete, sie für den nächsten Morgen in die Sanct Markuskirche einlud, wo

sie jedoch nicht erschien, und das spätere noch=
malige Zusammentreffen mit ihr auf der Riesen=
treppe des Dogenpalastes, nachdem Fürst Gudu=
now den Zettel mit den wunderlich klingenden
Versen in der Maueröffnung gefunden hatte,
welche unter der Republik einen der beiden
Löwenrachen verdeckte. Auch die Verse, welche
sich dem Gedächtniß Aller eingeprägt hatten, citirte
Marimiliane.

„Sie kennen mich zur Genüge, Hochwürden,"
fuhr die Comtesse fort, „um zu wissen, daß ich
das Leben gern von der lustigen Seite erfasse
und vor Heiligen mich nicht durch unnöthige
Fußfälle demüthige... Ich bin ein loses Welt=
kind, dabei aber, glaub' ich, nicht schlechter als
die bleichwangigen und tiefäugigen Kopfhänger,
welche regelmäßig mit strengster Pünktlichkeit
ihre Bitt= und Bußfahrten halten und die Litanei
mit dem Kyrie ausschließlich für Poesie er=
klären... Nun, Sie verstehen mich, Hochwür=
den!... Ich scherzte also in gewohnter Weise
über die poetische Warnung und über das Traum=
gesicht des Herrn Rauerz, im Stillen aber dachte
ich ganz ernsthaft darüber nach und beschäftigte
mich fast ausschließlich damit... Da begegnet
mir, als ich, nur von meiner Jungfer begleitet,

eines Morgens einen Ausgang mache, die Alte
abermals... Ich erschrak wirklich, denn sie stand
plötzlich vor mir, als sei sie aus der Erde auf=
getaucht... Wahrscheinlich blickte ich sie miß=
trauisch und ein wenig finster an, und mochte
wohl Miene machen, ihr aus dem Wege zu
gehen. Das Weib aber hielt mich fest und
sprach ungefähr Folgendes zu mir: „„Schöne
Dame, ich verlasse heute diese Stadt, denn ich
muß wandern, weit, weit wandern... Es ruft
mich eine Stimme, die ich nicht kenne, und ich
sehe den Kopf eines Mannes, den ich früher
niemals sah, der mir aber immer zunickt!...
Wohin die Stimme mich ruft, weiß ich nicht,
Dich aber, schöne Dame, werde ich einst wieder=
sehen, und dann hat die Stunde geschlagen, die
wir Beide nicht unvorbereitet begrüßen dürfen!...
Lebe wohl, schöne Dame! Hüte Dich vor böser
Tücke allüberall, wo die Sonne scheint und
wo der Mensch im Genuß der Erdenlust straucheln
kann!... Ich selbst bin gestrauchelt und gefallen;
wenn ich aber den Kopf des Mannes umfassen
kann, den ich so oft sehe, und wenn die Stimme,
die ich so oft höre, vergebend in mein Ohr
dringt, dann hoffe ich wieder aufgerichtet zu
werden vor Gott und den Menschen!"" — So

sprechend, grüßte mich das Weib noch einmal, küßte mein Gewand und stieg schnellen Schrittes die Stufen zur Rialtobrücke hinauf, an deren Fuße diese Scene sich zutrug, die mir ewig unvergeßlich bleiben wird."

„Gut vorgetragen, Cousine, ich muß Dich loben!" sprach Horatio. „Wenn man's so hört, kann man Dich wirklich für eine angehende Heilige halten... Meinen Sie, Hochwürden, daß die Uebermüthige — denn ich kenne Cousine Allgramm — ein Wort von dem Allem glaubt?.. Sie hat heute nur die Marotte, Alle gläubig machen zu wollen, weil die kirchlichen Ceremonien ihr so gut gefallen haben."

Der Kanonikus lächelte und sagte:

„Die Begegnung muß interessant gewesen sein, bis jetzt aber ist das prophetische Wort der alten Bettlerin wohl noch nicht eingetroffen?"

„Mich dünkt, es wird eintreffen," versetzte Marimiliane, „denn ich glaube das Weib in der Kirche gesehen zu haben!"

„In unserer Kirche?" fragte der Kanonikus.

„Unter dem Orgelchor," fuhr die Comtesse fort. „Es war dieselbe Gestalt, derselbe Kopf!.. Ihre Augen ruhten lange auf mir... Das Weib verließ die Kirche noch vor Beendigung der Ceremonien..."

"Kann man das nun prophetische Weisheit nennen?" fiel der Chilene ein, der eine Reise durch Deutschland in so guter und unterhaltender Gesellschaft vorgezogen und sich jetzt entschlossen hatte, über Hamburg nach Valparaiso zurückzukehren. "Wir Alle bestreiten dies, während die Comtesse hartnäckig behauptet, der Anfang der Prophezeiung sei bereits eingetroffen, mithin werde und müsse sich dieselbe auch ihrem ganzen Umfange nach erfüllen."

"Meine Herren," versetzte der Kanonikus, "hier Recht zu sprechen, könnte gefährlich werden. Wer es wollte, müßte ein Auge besitzen, das selbst in die Zukunft zu blicken vermöchte.. So begnadigt bin ich nicht, und deshalb enthalte ich mich eines Urtheils. Das aber ist gewiß: es geschieht fast immer, was der Mensch ernstlich will, wie er ja auch im Leben gewöhnlich annähernd erreicht, wonach er ohne Rast und Ruhe strebt... Und so kann es immerhin möglich sein, daß das Wort der Alten in dem empfänglichen Herzen der Comtesse zu seiner Zeit in Blüthe schießt und Früchte trägt!... Hoffentlich sind es solche, die meiner jungen Freundin wohlgefallen und nicht bitter schmecken!..."

Er lüftete sein kleines, schwarzes Seidenkäpp=

chen, womit er den bereits kahl werdenden Kopf bedeckte, reichte Marimiliane den Arm und führte sie in's Nebenzimmer, wo der Kaffeetisch servirt war.

Donatus Moosdörfer zog seine Uhr.

„Bist Du pressirt?" fragte Aloysius.

„Es wartet meiner noch ein Geschäft, lieber Bruder, das ich gern vor Abend abschließen möchte," versetzte der Bleicher. „Wahrscheinlich werde ich schon vermißt."

„Beschäftigte Leute darf man nicht aufhalten," sagte der Kanonikus, „denn jedes Geschäft ist eine Mission."

„Wir sehen uns doch wieder, Herr Moos= dörfer?" fragte Marimiliane von Allgramm, im Sopha Platz nehmend und den Teller mit sei= nem Backwerk an ihren geistlichen Gastfreund zurückgebend.

„Mit gnädigster Comtesse gütigster Erlaub= niß treten wir die Reise in die Heimath zusam= men an," entgegnete der Bleicher. „Josephine wird sehr glücklich sein, wenn sie die Ehre haben könnte, gnädige Comtesse unter ihrem Dache be= herbergen zu können..."

„Das wollen wir uns überlegen, Herr Moos= dörfer! Also auf Wiedersehen!"

Sie winkte dem Bleicher graziös mit der Hand und wandte sich dann sogleich mit einer Frage an den Kanonikus, deren Beantwortung überlegt sein wollte.

„Begleiten Sie mich, Herr Rauerz!" sprach Moosdörfer zu dem Agenten. „Ich habe ein paar Fragen unter vier Augen an Sie zu richten, und das läßt sich am besten im Hinterzimmer einer gemüthlichen Weinstube an kleinem runden Tische thun... Ich bin halt bekannt hier seit zwanzig Jahren, und weiß, wo man ein gutes Seidel Podskalsky einschenkt."

Rauerz empfahl sich den Freunden und verließ mit dem Bleicher die Amtswohnung des Kanonikus.

„Treten Sie hier ein," sagte Moosdörfer, auf ein großes Haus zeigend, das heute, wie alle öffentlichen Locale, stark besucht war. „In einer Viertelstunde ist mein Geschäft abgethan. Ich habe nur einige Male meinen Namen zu unterschreiben."

Der Bleicher hielt Wort. Georg Rauerz hatte sich noch nicht recht orientirt, als der weich lächelnde Mann, von dem wohlbeleibten Wirthe als alter Bekannter freundlich begrüßt, in das

Hauptgastzimmer trat und auf seinen jungen
Freund zusteuerte.

„Schließen Sie Ihr Verließ auf, Herr Tand=
ler," sagte Donatus Moosdörfer, „und bringen
Sie uns zwei Seidel Vorjährigen vom besten!"

„Sehr gern," erwiderte Tandler, ein kleines,
gemüthliches Zimmer öffnend, das nur Raum für
höchstens fünf Personen hatte. „Ganz hell aber
ist das Gewächs noch nicht, und wird's nun auch
schwerlich werden."

„Thut nichts, Herr Tandler, um so süßer
und kräftiger schmeckt der Wein. Ich habe mein
Lebtage nicht gehört, daß guter Podskalsky durch=
sichtig sein müsse wie Rubinglas."

Der Wirth beeilte sich, seine neuen Gäste zu
bedienen, und er bediente sie gut. Moosdörfer
probirte mit Kennermiene das ihm wohlbekannte
Getränk und fand es superb. Auch Rauerz wußte,
das etwas trübe Aussehen des dunkelrothen, stark
duftenden Weines ausgenommen, an dessen Ge=
schmacke nichts zu tadeln.

„Nehmen Sie an, dies Verließ, wie der spa=
ßige Tandler das Stübel nennt, sei ein Beicht=
stuhl, und ich der Priester," hob Moosdörfer an,
langsam, aber oft aus dem vor ihm stehenden
Glase schlürfend, „und erleichtern Sie jetzt Ihr

Herz! Es belauscht uns hier Niemand, ich aber seh's Ihnen an, daß Sie etwas drückt... Was ist dieser neuspanische Don für eine Creatur?... Das vornehme Frauenzimmer, die quecksilberne Comtesse, scheint ihn recht munter an der Leine zu führen, und der edle Don stellt sich gut genug dabei an... Thue ich Ihnen Unrecht, Herr Rauerz, wenn ich Sie für eifersüchtig halte?"

Georg ward verlegen. Er hatte dem Bleicher keinen so scharfen Blick zugetraut. Da er sich nun aber doch verrathen sah, gestand er seine Schwachheit ein, fügte aber sogleich hinzu, er denke nicht daran, die Neigung der Comtesse, die allen Männern den Kopf verdrehe, zu gewinnen, da er sich ja sagen müsse, daß er, selbst wenn er sich die ausgelassene Schöne erobere, an ihrer Seite schon ihrer unberechenbaren Launen und Extravaganzen wegen doch niemals dauernd glücklich werden könne... Der Chilene jedoch solle sie auch nicht haben, das sei beschlossene Sache, und deshalb habe er es auch vorgezogen, die Herrschaften, denen er in Venedig gute Dienste geleistet, unterwegs nicht zu verlassen.

„So gefallen Sie mir, Herr Rauerz," sprach Moosdörfer und stieß mit dem Agenten des Hauses Schmalbacher und Compagnie an. „Resol=

virt muß der Mann zu jeder Zeit sein, dann wird er nicht übermüthig im Glück, und das Unglück, rennt es ihn an, kriegt ihn nicht unter die Füße!... Ich darf mir schon ein Wort erlauben, denn ich habe eine gute Reihe Jahre an dieser Zieche genäht und werde noch immer nicht abgelöst... Was ist denn das für ein Prinz, dessen die Comtesse so häufig gedenkt, wenn sie dem chilenischen Nabob das Blut in die grünlichen Wangen treiben will?"

„Ach, Master Heedfull!" versetzte Georg. „Ich habe das Glück, diesen Mann nicht zu kennen, und bin auch nicht begierig, jemals seine Bekanntschaft zu machen... Nach Allem, was ich von ihm erzählen hörte, muß es ein Mensch von Geist und ein eisenharter Charakter sein, Herz nur dürfte man bei ihm vergeblich suchen..."

„Er treibt Handel, und stammt aus dem Norden Amerikas?"

„So hörte ich."

„Und doch lebt er eigentlich im Süden?... Bei oder in Buenos=Ayres?"

„Fällt Ihnen das auf, Herr Moosdörfer?"

„Es interessirt mich, weil in jenen Gegenden Menschen leben, an denen ich Antheil nehme, deren alte Aeltern ich kenne, und die zum Theil

durch meine Vermittelung dort drüben ein neues
Vaterland gefunden haben... Heedfull?... Den
Taufnamen kennen Sie nicht?"

Rauerz verneinte.

„Ich will mir den Namen doch notiren," fuhr
Moosdörfer fort. „Wenn Tobias Helfer wieder
an seine Kinder schreibt, kann er die Frage: ob
ihnen ein Master Heedfull bekannt sei, mit ein=
fließen lassen... Der Mann treibt Handel mit
Fellen und Häuten?"

„Mit Häuten gewiß," sagte Georg Rauerz,
„vermuthlich auch mit kostbaren Hölzern."

„Ganz wie meine lieben Bekannten und deren
Compagnon," fuhr der Bleicher fort, klingelte
mit den Gläsern und bestellte noch zwei Seidel
Podskalsky. „Bringen Sie uns ein paar frische
Butterhörnel mit, Herr Tandler," fügte er hinzu;
„der Wein schmeckt noch einmal so gut, wenn
man etwas dabei knuppern kann... Na, Herr
Rauerz, was ist Ihnen denn?... Sie machen
ja halt ein Gesicht, als wollten Sie gleich in
Ohnmacht fallen!.. Kommen recta aus dem
Süden, haben cyprische und sicilianische Weine
getrunken, und lassen sich von einem ungehobelten
Böhmaken werfen?.."

„Es ist nicht der Wein, Herr Moosdörfer,"

versetzte Georg, „mich erschreckte Ihre letzte Bemerkung..."

„Nicht möglich!.. Was hab' ich denn so Entsetzliches herausgelassen?"

„Nichts weiter, als daß Ihre Freunde in Buenos=Ayres in Häuten und werthvollen Hölzern Geschäfte machen."

„Ist's etwa nicht erlaubt?" fragte Moosdörfer mit äußerst schlauem Lächeln. „Ich denke, Waare ist Waare, und was guten Absatz findet und wonach am meisten Nachfrage ist, damit zu handeln ist jedes klugen Kaufmanns Pflicht.... Sollte Ihnen das in diesem Geschäft entgangen sein?"

„Keineswegs, Herr Moosdörfer. Es giebt jedoch auch Handelsartikel, die ein ehrlicher Kaufmann nicht führen darf, will er sich nicht gegen Gott und Menschen versündigen... Der Mensch ist keine Waare und sollte es nie werden, und Seelenverkäufer sind keine Kaufleute, sondern fluch= und todeswürdige Verbrecher!.."

Die Hand Moosdörfer's zitterte, als er das feine weiße Taschentuch hervorholte und damit über seine hochgewölbte Stirn fuhr.

„Seelenverkäufer!" sprach er. „Nein, das sind keine Menschen, das sind Teufel oder doch

Gesellen des Satan!.. Seelenverkäufer!.. Gott wolle Jeden bewahren, daß er diesen schrecklichen Menschen nicht in die Hände fällt und daß die Gesetze diesem furchtbarsten aller Verbrechen bald ganz den Garaus machen!.."

Er gedachte seines ihm verloren gegangenen Sohnes, und die skelettartige Gestalt des alten Brühs bäumte sich vor ihm auf wie ein Gespenst.

„Der Mann, von dem sie wissen wollten, wer und was er sei, wird allgemein für einen geheimen Sclavenhändler gehalten," fuhr Georg Rauerz fort. „Master Heedsull ist frühzeitig reich geworden, hat jung eine werthvolle Baumwollenplantage in Louisiana erworben und als deren Besitzer den Werth der schwarzen Menschen, der Niggers, wie die Amerikaner sagen, kennen gelernt. Ein enges Gewissen soll der Mann nicht haben, und so liegt die Vermuthung nahe und hat sehr viel Wahrscheinlichkeit für sich, daß Master Heedsull den Menschenhandel des Erwerbes wegen betreibt und damit Reichthümer auf Reichthümer häuft."

Moosdörfer beunruhigte diese Mittheilung. Er selbst war, obwohl er im geschäftlichen Verkehr Gewinn und Vortheil nicht gering anschlug und beide sich nicht gern entgehen ließ, ein ge=

wissenhafter Mann, der sich schlechter Mittel zur Erreichung selbst eines guten Zweckes niemals bedient haben würde. Darum ängstigte ihn schon der Gedanke, die Söhne des arglosen, gottergebenen Helfer, die Brüder der lieblichen Andrea, die ohne sein etwas gewagtes Eingreifen, das sogar ein falsches Licht auf seinen eigenen Charakter werfen konnte, sich diesen angeschlossen haben würde, könnten in ihrer Unerfahrenheit von schlechten, aber klugen Menschen zu verbrecherischen Unternehmungen benutzt werden. Glaubhaft erschien dem Bleicher diese Annahme freilich nicht, die Möglichkeit derselben aber ließ sich auch nicht bestreiten. Und der Mensch, auch der beste, hat schwache Augenblicke, in denen er der Versuchung unterliegen kann.

„Wir sprechen später wohl noch einmal über diesen Mann, dessen Name mir jetzt nicht mehr entfallen kann," sagte Moosdörfer und schlürfte den Rest des Weines. „Ungewarnt kann ich die Freunde drüben doch nicht lassen. Wann gedenken Sie mich zu besuchen, Herr Rauerz?"

„Sobald der Chef meines Hauses mir neue Instructionen ertheilt hat," entgegnete dieser. „Baron von Alteneck, der mich wie einen Freund behandelt, würde mir zürnen, wollte ich an dem alten Stammhause seines Geschlechtes vorübergehen, und die schöne Comtesse darf ich mir ebenfalls nicht muthwillig zur Feindin machen. Alteneck und Bork liegen ja wohl nur wenige Stunden von einander entfernt?"

„Die Schlösser Alteneck, Rothstein und Bork bilden fast ein gleichschenkeliges Dreieck," sagte Moosbörfer und stand auf. „Die Felder und Wälder der drei Herrschaften grenzen an einander, und von Alteneck nach Schloß Bork braucht ein guter Fußgänger nicht ganz drei Stunden."

Vor dem Weinhause verabschiedete sich Rauerz von dem Bleicher.

„Es wäre möglich, daß ich zu reisen genöthigt bin, ehe wir uns morgen wiedersehen," sprach er. „Finde ich Briefe vor in meinem Logis — und ich erwarte deren — so reise ich noch des Nachts mit Extrapost ab. In diesem Falle treffe ich Sie in Ihrer Heimath. Empfehlen Sie mich dem Herrn Kanonikus und seiner Gesellschaft! Ich nehme brieflich von ihm Abschied, falls mir zu meinem persönlichen Abschiedsbesuche bei dem liebenswürdigen Herrn keine Zeit übrig bleiben sollte."

„Ein braver Mensch," sagte Moosbörfer zu sich selbst, als er allein nach der Wohnung seines geistlichen Bruders ging. „Er verdiente glücklich zu werden!.. Aber ach, wer wird je glücklich in diesem wechselvollen Leben, und wer bleibt es dauernd, wenn er es jemals wirklich war?.. Keiner! Keiner!"

Das letzte Wort sprach der Bleicher laut, und wie ein Spottvogel antwortete das Echo erst schreiend, dann immer leiser: „Keiner! Keiner! Keiner!.."

6.
Brühs vor Josephine.

Auf Anrathen des Försters Thomas Joseph, dem auch Schmalbacher beipflichtete, hatte Donatus Moosdörfer den lebensmüden Brühs, in dem er den Verführer seines einzigen Sohnes erblicken mußte, nach Leitmeritz transportirt. Er war so aufgeregt, so erbittert gegen den hinfälligen Alten, der ja nur zu sterben oder bestraft zu werden wünschte, daß er sich selbst nicht zutraute, das Rechte zu wählen. Das konnte einem unbetheiligten Dritten leichter werden, und ein besserer Rathgeber als der Bruder Kanonikus lebte dem Bleicher nirgends.

Brühs hatte weder eine Meinung noch einen Willen; er ließ Alles mit sich geschehen. Schon am nächsten Tage hielt der Wagen des Försters

vor der Wohnung des Kanonikus, Brühs ward
in einem sichern Zimmer zu ebener Erde un=
tergebracht, und Moosdörfer hatte mit seinem
gelehrten geistlichen Bruder eine lange Unter=
redung.

Seitdem lebte Brühs im Hause des Ka=
nonikus. Der alte Mann dachte nicht an Flucht;
er wollte bestraft, gerichtet sein, und entschlug
sich dieser Gedanken erst nach mehrmaligen Unter=
redungen mit dem Kanonikus, dem er auch aus=
führlich beichtete.

„Sie müssen noch sehr lange zu leben wün=
schen," sagte der wohlmeinende geistliche Herr,
als er des alten Mannes Inneres vollkommen
ergründet zu haben glaubte. „Nicht Strafe und
Tod sühnen Ihre Fehler und Vergehungen — Bitte,
Gebet und Arbeit werden Sie frei machen und
Ihnen die verloren gegangene Ruhe Ihrer Seele
wiedergeben... Helfen Sie den jungen Mann,
dem Sie die Pfade des Unrechts und der Sünde
wandeln lehrten, suchen, bis das Asyl, das er
gefunden hat, entdeckt ist, und bitten Sie Gott,
daß er ihm gnädig sein und ihn erretten möge,
wie er Sie errettet hat!"

Solche Worte von dem Munde eines milden
Priesters blieben nicht ohne Eindruck. Brühs

fand sich nach und nach in seine neue Lage und verfiel nur bisweilen in seine frühere verzweifelte Stimmung, wo ihm dann das Leben eine Last war und er sich den Tod wünschte... Lange indeß dauerten solche Stimmungen nicht, besonders wenn der Kanonikus den Alten tröstete. Nur daß er auf Erden keine Strafe für seine Vergehungen leiden sollte, wollte ihm nicht recht einleuchten und machte ihn zeitweise ganz schwermüthig.

Es war am Tage nach der Firmung, als Brühs zu dem Kanonikus beordert wurde. Der alte Mann glaubte den Abgesandten des geistlichen Herrn mißverstanden zu haben und fragte deshalb:

„Zu dem hochwürdigen Herrn Kanonikus?"

„Allerdings und zwar gleich! Eine Dame wünscht Euch zu sprechen!.."

Brühs mußte doch einige Zeit verstreichen lassen, ehe er dem Rufe zu folgen vermochte. Nur eine sehr wichtige Angelegenheit konnte denselben veranlaßt haben. Endlich hatte er sich gefaßt und trat in das Studirzimmer des geistlichen Herrn. Dieser ging, aus einer holländischen langen Thonpfeife ausgezeichnet feinen Kanaster rauchend, auf und nieder. Als er Brühs' ansichtig ward, blieb er vor ihm stehen.

„Erinnern Sie sich noch aller der Thatsachen, deren Sie in Ihrer Generalbeichte gedachten?" fragte der Kanonikus und blies dem steifen Alten Wolken bläulichen Rauches in die verwitterten Züge.

„Ich glaube, Hochwürden."

„Dann wiederholen Sie dieselben der Dame gegenüber, zu der ich Sie jetzt führen werde."

„Kennt mich die Dame?"

„Ihr seid einander Beide unbekannt."

„Und einer Unbekannten soll ich meine Missethaten gestehen?..."

„Nehmen Sie an, es sei das die Strafe, welche Ihnen das weltliche Gericht für dieselben zuerkannt habe... Ich werde zugegen bleiben, um Sie zu ermuthigen und um Zeuge zu sein, daß Sie auch nirgends von der Wahrheit abweichen. Die Wahrheit wird die Dame veranlassen, sich Ihnen zu entdecken..."

Gewöhnt, den Kanonikus für sich denken zu lassen und ihm blindlings zu gehorchen, machte Brühs keine Einwendung. Er sah starr vor sich nieder und ordnete seine Gedanken... Seit wie lange hatte er keiner Dame mehr gegenüber gestanden, und seit wie vielen Jahren hatte mit

ihm, dem ruhelosen Landstreicher, ein weibliches
Wesen von Bildung nicht mehr gesprochen!..
Sein Herz klopfte laut, als der Kanonikus die
Pfeife wegstellte, den Hausrock mit der Sutane
vertauschte und zu Brühs sagte:

„Kommen Sie!"

Aloysius Moosdörfer durchschritt einen lan=
gen Corridor, klopfte an eine breite Thür und
öffnete diese rasch, die Hand seines Begleiters er=
fassend, damit dieser nicht etwa zurückbleiben möge.

Das Zimmer hatte fast das Aussehen einer
Raths= oder Gerichtsstube. Einen grünen ovalen
Tisch umgaben verschiedene Stühle mit hohen,
steifen Lehnen. Am oberen Ende des Tisches in
einem etwas breiteren Sessel lehnte eine sehr
blasse, in Trauer gekleidete Frauengestalt. Sie
hatte offenbar geweint, denn ihre Augenlider wa=
ren leicht geröthet. Die weißen, wachsartigen
Hände hielt sie über einem Taschentuche gefaltet
im Schooße. Sie bewegte sich nicht, nur Mund
und Hände zuckten, als sie den Kanonikus und
dessen Begleiter erblickte.

„Das ist der Mann, dessen Lebensgeschichte
Sie zu hören wünschen," sprach der Geistliche
und führte Brühs an das untere Ende des Ti=
sches. Er selbst nahm zwischen dem Alten und der

blassen, stets traurig blickenden Dame Platz, in der wir Josephine Moosdörfer erkennen.

"Erzählen Sie, Brühs!" befahl der Kanonikus. "Erzählen Sie genau der Wahrheit gemäß und verschweigen Sie nichts! Es wird Ihnen Niemand in's Wort fallen."

Brühs gehorchte. Das auf ihm ruhende Auge des geistlichen Herrn schien große Gewalt über ihn zu haben. Wir kennen bereits die Geschichte des Unglücklichen und brauchen also nichts zu wiederholen... Josephine hörte mit halbgeschlossenen Augen anscheinend theilnahmlos zu. Erst als Brühs der Wetternacht gedachte und der klagenden Kinderstimme in der tiefen, vom angeschwollenen Wildwasser durchströmten Waldschlucht, zuckte sie zusammen und preßte das Taschentuch vor ihre Augen.

Brühs machte unwillkürlich eine Pause. Sein Herz sagte ihm, wer die Frau sei, die vor ihm saß, der er ein Bekenntniß seiner Vergehungen, seiner Frevel gegen Gott und Menschen ablegen müsse...

"Weiter!" drängte der Kanonikus. "Nur die Wahrheit kann Sie retten, denn die Wahrheit bringt auch das Verborgenste an's Licht!..."

Brühs fuhr in seiner Erzählung fort. Er

sprach so bewegt, so ganz aus seiner tief ergriffenen Seele heraus, daß Josephine ihren Sohn immer tiefer sinken und endlich auf die abschüssige Bahn des Verbrechens abbiegen sah... Das Wort „gepreßt", welches dem Munde des erschütterten Erzählers entfloh, der sich damit selbst das Urtheil sprach, entrang ihr einen bangen Schmerzensschrei.

„Es ist mein Sohn! Es ist mein Gotthold!" rief sie schluchzend aus und beugte ihr Haupt nieder auf den Tisch.

„Und Sie werden ihn wiederfinden, liebe, treue Dulderin!" sprach der Kanonikus.

„Und er lebt? Mein Sohn lebt?" rief Josephine und richtete sich wieder auf.

„Wir haben Anzeichen, daß er lebt," sagte der Kanonikus. „Diese Versicherung muß Ihnen genügen!... Bruder Donatus thut in diesem Augenblicke schon Schritte, um den Fußstapfen zu folgen, die uns den Weg zu dem Asyl des Verschollenen — wir hoffen in nicht gar langer Zeit — deutlich werden erkennen lassen..."

„Wo ist Donatus?" fragte Josephine und trocknete ihre Thränen.

Brühs war auf seine Kniee gesunken und betete halblaut für den von ihm Verführten und für die Mutter, die ihn gebar. Dies Gebet des alten Mannes rührte ihr Herz, und vergebend bot sie ihm die Hand, indem sie sagte:

„Ihr habt mich beleidigt, aber ich vergebe Euch gern, damit auch mir vergeben werden möge!... Nun ich weiß, daß mein Sohn nicht zu Schaden kommen und untergehen mußte unter Verbrechern, ist meine Seele voll Hoffnung..."

Auf ihre Hand fielen die Thränen des gerührten Brühs, der eine Centnerlast von seinem Herzen genommen fühlte. Da ward die Thür geöffnet, und Donatus Moosdörfer trat zögernden Schrittes ein.

„Ist es geschehen?" fragte er, ängstliche Blicke auf seine Frau werfend, die eben ihre Hand auf den kalten Scheitel des immer noch knieenden Brühs legte.

„Es ist vorüber!" sprach Josephine und sank mit ausgebreiteten Armen an die Brust des bewegten Gatten. „Fort! Fort, nach Hause! Laß uns den Spuren unserer verlorenen Kinder nachgeben!"

7.
Der Schäfer bei Graf Rothstein.

Als der Schäfer Schloß Alteneck verließ, war er noch unschlüssig, welcher Vorwand ihm am dienlichsten sein könne, um Barbara bei dem Grafen einzuführen. Daß sich ein solcher leicht finden lasse, wußte er, nicht jeder aber war ihm recht. Am liebsten hätte Clemens es gesehen, wenn Graf Rothstein selbst den Wunsch geäußert, die Schaffnerin seines Freundes bei sich zu sehen. Eine Zusammenkunft dieser beiden Persönlich=
keiten, durch gegenseitiges Interesse eingeleitet, konnte sich je nach Umständen auf sehr verschie=
bene Weise verwerthen lassen. Barbara haßte den Baron, seit sie zu der Ueberzeugung gekom=
men war, er habe ihren Sohn, der sich allerdings von jeher als eine schwer zu leitende, unbändige

Natur gab, nur deshalb in die Welt geschickt, damit er an seiner eigenen Unbändigkeit zu Grunde gehe. Konnte nun Graf Rothstein von Barbara Nutzen haben für sich selbst, so war es immerhin möglich, daß er mit ihr sich zu gemeinsamem Handeln, selbst auf Kosten des Freundes gegen diesen verband.

Clemens entwarf einen Plan nach dem andern, kam aber nicht zum Ziele. Immer entdeckte er etwas, das ihm bedenklich schien. So erreichte er sein Häuschen und überließ sich nochmals seinen Gedanken. Da ward sein Inneres plötzlich wie von einem Blitz erleuchtet. Glänzenden Auges erhob er sich von seinem Sitz und schloß die Truhe hinter dem Ofen auf, in welcher er seine Kostbarkeiten, d. h. diejenigen Sachen, die er dafür hielt, verwahrte.

„Das führt zum Ziele!.. Das wird ihn in große Aufregung versetzen!..“ rief er. „Ein besserer Gebrauch läßt sich von diesen Papierstreifen gar nicht machen!“

Er öffnete das Paket, das ihm Tobias Helfer Tags zuvor eingehändigt hatte, suchte in den verschiedenen Papieren und wählte eins der größten aus, das besonders deutliche Schriftzüge zeigte. Mit diesem Talisman in der Tasche ging er unverweilt über die Heidenlehne, wo er die Heerden mit raschem Blick inspicirte, nach Rothstein...

Der Graf war kurz vor seinem Eintreffen mit seinem Büchsenspanner von der Jagd heimgekehrt und bei guter Laune. Der grämliche Cerberus in seiner Zelle, sonst immer schwierig, wenn der Schäfer mit dem gnädigen Herrn sprechen wollte, machte heute keine Einwendungen. Er meldete Clemens, der ihm auf dem Fuße folgte, sogleich dem Kammerdiener des Grafen, der sich ebenfalls willig zeigte. Clemens ward vorgelassen.

„Nun, alter Graukopf," redete Graf Rothstein den Schäfer an, indem er ihm vertraulich an seinen langen Haarlocken zupfte, was er nur in sehr guter Stimmung zu thun pflegte, „was führt Dich wieder einmal in's Schloß?.. Du machst Dich sehr rar und thust überhaupt, als ob Du Dich gar nicht mehr um Deinen Herrn zu kümmern brauchtest... Wie steht's in Alteneck?.. Weiß man dort auch nichts vom Baron?.. Ich werde doch morgen oder übermorgen persönlich mich auf Alteneck nach ihm erkundigen müssen..."

Lette-Clemens triumphirte; es ging Alles nach Wunsch.

„Gräfliche Gnaden wollen entschuldigen, daß ich Sie nicht jeder Kleinigkeit wegen überlaufe," erwiderte er. „Ich weiß, daß Sie mir in gewissen Dingen volles Vertrauen schenken."

„Hm, ja!" sprach Graf Rothstein, klappte die Absätze seiner Jagdstiefeln ein paarmal zusammen und strich sich die langen Enden seines Schnurrbartes, der wieder tief schwarz gefärbt war. „Da führt Dich also ein wichtiges Vorkommniß her... Nun, immerhin, laß hören!.. Mich ficht heute so leicht nichts an, denn ich habe einen glücklichen Tag."

„Ich komme von Alteneck," sagte der Schäfer und ließ seine scharfen Augen, denen der Graf ungern begegnete, geheimnißvoll auf ihm ruhen. „Zu berichten habe ich zwar nichts — denn das Frauenzimmer auf dem Schlosse hat vollauf mit sich selbst zu thun — etwas zu überbringen aber habe ich, das gräfliche Gnaden wahrscheinlich verloren haben und das wieder zu erhalten Sie sich gewiß freuen werden..."

„Ich... etwas verloren?" versetzte Graf Rothstein und zog sich den Schnurrbart weit unter das Kinn herab. „Und in Alteneck?... Das ist kaum denkbar... Ich war sehr lange nicht mehr bei meinem Freunde, und seit ich dort war, vermisse ich nichts..."

„Dann bitte ich um Entschuldigung, gräfliche Gnaden!... Habe mich demnach geirrt..."

Clemens grüßte militärisch, richtete sich in ganzer Größe auf und wollte sich entfernen.

„Halt!" rief der Graf gebieterisch. „Ehe ich Dich gehen lasse, wirst Du mir Mittheilung machen von meinem angeblichen Verluste!... Sage, was es ist, und ich weiß, ob die Sache mir zugehört oder nicht!..."

Der Schäfer blieb stehen, blickte den Grafen wiederum so scharf an, daß dieser die Augen niederschlug, und sagte:

„Eine Sache von Werth ist es nicht, denn Briefe haben nur Werth für den, an den sie gerichtet sind..."

„Briefe?" fiel Graf Rothstein ein, und seine finsteren Augen begannen zu glitzern.

„Ich habe das Papier bei mir, gräfliche Gnaden, und meine die Schreiberin recht gut gekannt zu haben... Darum eben..."

Der Graf erblaßte, wankte und konnte sich nur an seinem Schreibtische aufrecht erhalten.

„Gieb!" lallte er leise, „gieb!"

Clemens überreichte ihm das ausgewählte Brieffragment schweigend und mit einer gewissen steifen Feierlichkeit.

Graf Achim von Rothstein warf einen halb erloschenen Blick darauf und zerknitterte es zähneknirschend.

„Teufel!" murmelte er dumpf vor sich hin und blickte den Schäfer, der keine Miene verzog und fast traurig aussah, giftig an, „wie kommst Du zu diesem Fetzen?..."

„Auf Alteneck fand ich ihn... im Zimmer der Beschließerin..."

Der Graf fuhr wild empor.

„Das hat die Dirne gethan!" rief er grimmig und zerpflückte das Brieffragment in zahllose Stücke. „Durch sie allein kann diese ewig vermaledeite Schrift nach Alteneck gekommen sein!..."

„Gräfliche Gnaden sahen diese Schriftzüge ehedem gern," bemerkte der Schäfer. „Und was uns einst lieb war, das soll man später nicht verfluchen... Man kann damit gar leicht alles Glück und allen Segen aus dem eigenen Hause fluchen!..."

Der Graf überhörte des alten Schäfers Bemerkung, da er augenblicklich nur von einem einzigen peinlichen Gedanken beherrscht ward.

„Von Barbara erhieltest Du das... widerwärtige Papier?" fragte er, dem Schäfer wieder näher tretend.

„Das habe ich nicht gesagt, gräfliche Gnaden," erwiderte Clemens, „ich fand es nur auf ihrem Zimmer..."

Graf Rothstein schritt an ihm vorüber und streckte den Arm nach dem Glockenzuge aus. Clemens hielt ihn zurück.

„Was beschließen gräfliche Gnaden zu thun?" fragte er mit freundlich unterwürfigem Tone.

„Nach Alteneck will ich reiten, auf der Stelle, um die nichtswürdige alte Person zur Rede zu setzen, und Du sollst mich begleiten!"

„Dazu möchte ich nicht rathen... Gräfliche Gnaden sind aufgeregt, und Barbara ist eine geschwätzige Person."

„Hast recht, Alter, hast wahrhaftig recht!... Aber wie komm' ich hinter die Schelmereien dieser hinterlistigen Dirne?... Just weil sie fortwährend spionirte, und kein Schloß, kein Riegel, kein Winkel im ganzen Schlosse vor ihrer Neugierde Ruhe hatte, vertrug ich mich mit dem duckmäuserigen Schelm von Vater und suchte mich ihrer auf gute Manier zu entledigen..."

Lotto=Clemens war sehr zufrieden mit dem

Grafen, wie mit sich selbst. Er wußte, daß sein Gebieter aufrichtig die Wahrheit sagte, und etwas Anderes beabsichtigte er nicht.

„Man könnte die Schaffnerin auf Alteneck ja hieher citiren," sagte er; „Zeit hat sie im Ueberfluß, und wenn es in Form einer Einladung geschähe, so fühlte sie sich wohl gar noch geehrt."

„Möglich, Clemens, möglich! Aber wo knüpft man da an?... Einem geschwätzigen und dabei vielleicht auch boshaften Weibe gegenüber kann ich mich doch nicht compromittiren?..."

„Gewiß nicht, gräfliche Gnaden!.. Wollten Sie mir freie Hand lassen, so getraue ich mir das Stück durchzuführen..."

„Du meinst?... So laß hören!..."

„Gräfliche Gnaden sind unwohl und wünschen im Interesse des Herrn Barons eine Frage an die langjährige Verwalterin des Schlosses Alteneck zu richten, die in Abwesenheit des Herrn Barons nur diese allein beantworten kann."

„In der That, das geht, alter Graukopf!... Und Du selbst willst mein Bote sein?"

„Gräfliche Gnaden haben zu befehlen, ich zu gehorchen."

„Die Sache hat aber Eile, Clemens!"

„Ich entledige mich meines Auftrages noch heute, und morgen — gräfliche Gnaden haben nur die Stunde zu bestimmen — führe ich persönlich die Frau mit dem goldenen Horn in's Schloß!"

„Du hast Vollmacht, für mich zu handeln, wie es Dir gut dünkt, Clemens," erwiderte der Graf; „und theilt Barbara mir recht viel Interessantes mit, so werde ich erkenntlich sein. Wenn sie aber eigensinnig und hartnäckig ist, was dann?"

„Jeder Hinweis auf die Vergangenheit wird sie gesprächig machen," sagte der Schäfer. „Nur dürfen gräfliche Gnaden nicht dringend werden, sondern müssen ihr zwei, drei bis vier Tage Zeit lassen..."

„Wenn es durchaus nöthig ist, nun warum nicht?... In Ermangelung besserer Unterhaltung kann auch eine alte Plaudertasche amüsant werden... Sieh' also zu, daß Barbara morgen Mittag auf Schloß Rothstein zum ersten Male speist... Später werde ich sie zu mir rufen lassen und, damit sie ihre weiblichen Tugenden zur Geltung bringen kann, sehr leidend sein... So denke ich, alter Graukopf, sind alle Rollen zu einer Farce mit ernsthaftem Hintergrunde vortrefflich vertheilt, und es erübrigt nur noch, daß

Jeder die seinige auch möglichst gut durch=
führt!.."

Lotto=Clemens war der nämlichen Ansicht. Er
rieb sich lachend die Hände, als er die breite
Schloßtreppe hinunterstieg und zufrieden in
seinen Bart murmelte:

„Diesmal bist Du der Gefoppte, Graf Achim
von Rothstein, und während Du eine dritte Per=
son zu foppen glaubst, sollst Du in das Netz
laufen, das ich hinter derselben aufstellen werde!
Es ist hohe Zeit, daß wir Abrechnung halten
über die Vergangenheit, damit wir die Zukunft
nicht verlieren!..."

Der alte Schäfer war selten mit sich selbst
so zufrieden gewesen wie nach dieser Unterredung
mit einem Manne, den er wohl manchmal be=
dauern, niemals aber achten konnte. Alteneck
brauchte er nicht zu besuchen, denn dort war
längst Alles geordnet. Seine nächste Thätigkeit
galt anderen Vorbereitungen, die indeß reiflich
überlegt sein wollten, um auch die Folgen, die
sich daran knüpfen mußten, im Voraus mit mög=
lichst großer Sicherheit vorausbestimmen zu
können. Damit ihn Niemand in seinem Denken
und Berechnen stören möge, blieb er bis in die
Nacht in der von aller Welt gemiedenen Grotte

unter der gefürchteten Feengruft. Am andern Morgen stand er schon frühzeitig wieder unter seiner Heerde am Fuße der Heidenlehne, und eine Stunde nach Zwölf betrat er in seiner gewöhnlichen Alltagstracht an Barbara's Seite den Schloßhof von Rothstein.

8.
Eine Nacht auf Schloß Rothstein.

Ein Tag war vergangen, die Nacht zog herauf, eine Nacht, still, sternenklar und friedlich, wie sie in größerer Pracht und Herrlichkeit selbst nicht auf Eden herabgeblickt haben kann.

Graf von Rothstein und Barbara hatten eine lange Unterredung mit einander gehabt und waren unbefriedigt aus einander gegangen. Jeder hatte sich geirrt, Jeder sah sich enttäuscht, und in den Herzen Beider nistete sich stiller Groll ein.

„Was hat der Mann mir Fragen vorzulegen, die ich nicht beantworten kann?" sprach Barbara zu sich selbst, als der Kammerdiener ihr als Wohnung die Zimmer anwies, die früher Andrea bewohnt hatte. „Was weiß ich von Briefen, die ihm von unbekannter Hand entwendet worden sein sollen?... Fremde Sprachen kenne ich nicht, und was fremde Leute in solchen Sprachen auf's Papier kritzeln, geht mich nichts an.. Ich fürchte, des Herrn Grafen Krankheit, der aussieht wie der leibhaftige, alt und hinfällig gewordene Gottseibeiuns, steckt in seinem Kopfe und hat große Familienähnlichkeit mit den Visionen meines treulosen Adam..."

Barbara besah und befühlte die Mobilien, die ihren Beifall zu haben schienen, wenn sie auch sehr oft mißbilligend den Kopf über deren arge und ihrer Ansicht nach ganz unverantwortliche Vernächlässigung schüttelte. Was sie dabei dachte, sprach sie nicht aus, aber sie dachte viel und zog aus ihren Gedanken allerhand Folgerungen, die den Grafen, hätte er sie gekannt, wahrscheinlich über die von ihm mißachtete Frau ein ganz anderes Urtheil würden haben fällen lassen. Barbara ließ keinen ihr erreichbaren Gegenstand unberührt und ununtersucht. Selbst an die Wände, mit Tapeten überzogen, hinter denen es manchmal raschelte und die alsdann in eine zitternde Bewegung geriethen, legte sie ihr Ohr und lauschte lange mit angehaltenem Athem... Sie wunderte sich nicht über dieses Geräusch, denn sie kannte es von Alteneck her, wo manche

Zimmer ganz ähnlich decorirt waren. Auf Rothstein aber interessirte Barbara Alles, Bekanntes wie Unbekanntes, denn Andrea war ein junges Mädchen, das zwar wie alle junge Mädchen ihre kleinen Geheimnisse hatte, über die sie mit Niemand sprach, dagegen aber von dem, was Jedermann sich erzählte, auch offen mit Barbara sich auszusprechen keinen Anstand nahm. Ueber das, was das Volk, insbesondere die Unterthanen des Grafen vom Schloße Rothstein fabelten, war daher die Jugendgeliebte Adam's von Alteneck sehr genau unterrichtet. Wie emsig sie aber auch suchte und Alles visitirte, am ersten Abend stieß ihr nichts Verdächtiges auf, und auch die Nacht verging ohne jegliche Störung. —

Graf Achim von Rothstein zweifelte keinen Augenblick, daß die neugierige Tochter des alten Organisten, die ihr feines Näschen überall hinsteckte, die Entführerin der Brieffragmente sei, die er während ihrer Anwesenheit zerrissen und in den Papierkorb geworfen hatte, damit er für immer von ihnen befreit werde und nicht immer von Neuem bei ihrem Anblicke an Zeiten und Vorgänge erinnert werde, die er vergessen wollte...
Er mußte sich jetzt sagen, daß ihn die Leidenschaft, der Zorn oder Unmuth unvorsichtig ge=

macht hatten, als er das Zerstörungswerk begann, ohne es zu vollenden. Die Leidenschaft ist nie klug, nie vorsichtig, und darum rennt sie so oft mit offenen Augen geradeswegs in's Unglück... Nicht zerreißen, vernichten mußte er die Briefe, die er nie betrachten konnte, ohne daß ein kalter Todesschauer seine Gebeine durchrieselte... Nun war es zu spät, um Vergessenes nachzuholen... Die Papiere, welche ihm zahllose Lebensstunden verbittert und ihm fast in jede Freude Gift geträufelt hatten, waren verschwunden!... Wer aber besaß sie?...

Diese Frage verscheuchte den Schlaf vom Lager des Grafen und erfüllte sein Herz, das er mit dem Zerreißen einer alten, von ihm längst verächtlich behandelten Correspondenz für immer hatte beruhigen wollen, von Neuem mit banger Furcht... Und doch mußte er schweigen, um eine böse Saat nicht üppig aufschießen zu lassen...

„Andrea hat sich die Briefe angeeignet," sagte er zu sich, als Barbara von ihm ging und auch seine geschicktesten Fragen der alten, eigensinnigen Person, deren große Augen so listig und doch kalt auf ihm ruhten, und die sich bald blos zerstreut, bald halbtaub stellte, keine einzige zufriedenstellende Antwort entlockt hatten. „Ich habe kein Recht, der neugierigen Dirne deshalb Vorwürfe zu machen oder sie zu Verantwortung zu ziehen, denn was ein Papierkorb enthält, ist Gemeingut für Alle. Welchen Zweck aber verfolgte dabei die Arglistige?..."

Das war die Frage, welche den Grafen immer von Neuem beunruhigte, und auf die er vergebens eine Antwort suchte. Eins nur tröstete ihn in seiner Betroffenheit, die fremde Sprache und die fremden Schriftzeichen... Wer in dieser Gegend war des Russischen mächtig, und wo hätte sich wohl ein sprachgewandter Mann gefunden, der russische Schrift zu lesen im Stande gewesen wäre?...

Mißbrauch also konnte die neugierige Andrea, wäre sie auch im Besitz sämmtlicher Brieffragmente gewesen, was nicht der Fall war, mit ihrem halb zerstörten Raube nicht treiben... Baron Alteneck — Graf Rothstein wußte das sehr genau — verstand kein Russisch; auf das ungebildete Volk sah er mit Verachtung herab; der alte Helfer war ein bibelfester Mann, aber kein Schriftgelehrter, und Horatio...

„Dieser Mensch allein ist gefährlich!" unterbrach der Graf seinen Gedankengang. „Er be=

sitzt Sprachkenntnisse, ist wißbegierig, theilt die Marotte vieler verschrobenen Köpfe von heute, daß die Aristokratie, in deren Händen der große Grundbesitz liegt, um die urtheilslose Masse geistig eben so sicher zu beherrschen, wie sie materiell ihr gebietet, auch in den Wissenschaften, in der Gelehrsamkeit gleichen Schritt mit dem Bürger halten müsse, der nur lernt und arbeitet, um sich später sein Brod kümmerlich durch sein entsetzliches Wissen verdienen zu können; und er hat Verbindungen durch seine eigene Familie, die allenfalls auch bis nach Rußland hinein greifen könnten, wenn es sich um Wichtiges handelt... Vor Horatio also und seinen nächsten Freunden muß ich zunächst auf meiner Hut sein!... Er ist mein entschiedenster Widersacher von Charakteranlage und Lebensanschauung, wie er der geborene Widersacher seines eigenen Vaters ist!..."

Gar kein Gewicht legte der Graf der Mitwissenschaft des Schäfers bei. Clemens war für ihn ein gefährlicher Mann, der ihm viel schaden, ihn aber, seiner niedrigen Lebensstellung wegen, die ihn stets in Abhängigkeit erhielt, doch nicht verderben konnte. Auch glaubte er den Charakter dieses wunderlichen Menschen durch langjährige

Beobachtung genau studirt zu haben, um wissen
zu können, wo Befehlen und Geberden einander
die Stange hielten. Das eigenthümliche Gemisch
von berechnender Schlauheit, von angeborener
Herzensgüte und von Geheimnißthuerei, die sich
selbst belügt, um über Andere Gewalt zu be
kommen, flößte dem Grafen bisweilen auch eine
Art Scheu vor dem Schäfer ein, wirkliche Furcht
aber hatte er doch nicht vor dem an sich ganz
machtlosen Manne... Er wußte genau, wie er
mit Clemens stand, den er oft hart anfuhr, von
dem er sich aber auch die bittersten Dinge sagen
ließ, ohne ihn von sich zu weisen... Der Schäfer
hatte eine Art, Drohungen als Waffe gegen den
Grafen zu brauchen, die ihm dieser nicht ent=
winden konnte, weil ein dunkles Verhängniß
des alten Schäfers Waffe feite. Diesem Verhängniß zu entgehen, hätte Graf Rothstein in das
tiefe Dunkel einer Vergangenheit hinabsteigen
müssen, an die er ungern dachte, und darum
schwieg er und gab immer nach, so oft Clemens
den Arm erhob und drohend rief: Ich hebe den
Schleier und erwecke Todte zum Leben!...

Entfernte sich der drohende Alte wieder, dann
lachte Graf Rothstein über sich selbst und sagte
spöttisch:

„Thor, der ich bin!... So oft der dreiste
Narr in seinem Schafspelze von Geistern und
Todten redet, die er citiren will, bin ich furcht=
sam wie ein Kind, und doch weiß ich, daß er
nicht mehr weiß wie ich selbst!... Aber freilich,
mich allein trifft die Schuld, und er, der Knecht,
hat ein reines Gewissen!..."

Mit solchen Gedanken beschäftigte sich Graf
Achim von Rothstein die halbe Nacht, da Bar=
bara hartnäckig behauptete, sie wisse nichts von
Briefen und Papieren, habe dergleichen auch nie
bei Andrea gesehen und mithin auch das Frag=
ment nicht von ihr erhalten. Behaupte das der
Schäfer, so sage er die Unwahrheit...

Zu weit gehen wollte und durfte der Graf
nicht. Er brach deßhalb die Unterredung mit
Barbara ab, entließ sie freundlich, konnte aber
die Bemerkung nicht unterdrücken, sie möge sich
nicht in ihrer Ruhe stören lassen, wenn sie viel=
leicht des Nachts gehen oder stöhnen höre. Ur=
heber solcher Störung sei er selbst, da er oft
von asthmatischen Leiden heimgesucht werde, die
ihn dann zwängen, des Nachts so lange umher=
zuwandern, bis Erleichterung einträte... Seien
die Anfälle heftig, so käme es wohl auch vor,
daß er laut schreie...

Der Graf sagte das halb scherzhaft und nur so obenhin; Barbara aber ging kein Wort seiner Rede verloren, und als ihr Blick den seinen traf, wußte sie, daß er wenigstens nicht die ganze Wahrheit gesagt hatte...

Der nächste Morgen kam, und eine zweite Unterredung des Grafen mit Barbara hatte kein besseres Resultat. Die Beschließerin von Alteneck wurde sogar kurz, spitzig, zuletzt herausfordernd, und es fehlte wenig, so hätte sie dem hochgeborenen Freunde ihres Gebieters derbe Wahrheiten in's Gesicht gesagt... Sie fühlte die Wichtigkeit ihrer Stellung, ohne deren Veranlassung zu kennen, und wußte jetzt, daß sie etwas wagen könne... Entweder hatte man den Schäfer getäuscht, oder der Schäfer hinterging sie in einer ihr unbekannten Absicht!...

Diese Ueberzeugung machte Barbara noch wachsamer.

"Ich bleibe jetzt auf Rothstein, bis ich hinter die Schliche des Grafen komme!" rief sie sich zu, und hätte der Graf ihr anzeigen lassen, er bedürfe ihrer fernerhin nicht mehr, so würde sie doch nicht gegangen sein.

Lotto=Clemens ließ nichts von sich hören, auch aus Schloß Alteneck erreichte Barbara keine

Nachricht... Der Graf blieb unsichtbar für sie mit Ausnahme derjenigen Stunden, in denen er von ihr unterhalten sein wollte, was er „geistige Pflege" nannte.

„Curiose Einfälle haben doch alle großen Herren," dachte die Jugendgeliebte des Barons, und begann nun zu erzählen, da der Graf die Brieffrage unerörtert ließ; von ihrem Verhältniß zu dem Baron aber schwieg sie, da sie annahm, der Baron habe gerade dieses vor seinem Freunde geheim gehalten...

Vier Tage schon weilte Barbara auf Rothstein, und noch konnte sie nicht behaupten, daß sie irgend etwas Bedeutsames erlebt habe. Den Grafen mochten mancherlei Uebel peinigen, wirklich krank war er nicht, und weiblicher Pflege bedurfte er gar nicht. Darüber hatte sie des Grafen vertrauter Kammerdiener schon am ersten Tage aufgeklärt. Sie war demnach eine überflüssige Person im Schlosse, die, wie Barbara jetzt annahm, nur ausgehorcht werden sollte wahrscheinlich zum Nachtheil Anderer, vielleicht gar der lieblichen Andrea wegen, und dazu wollte sich die Beschließerin nicht gebrauchen lassen. Aber wie es anfangen, um das Schloß, wohin der Graf sie ja hatte einladen lassen, wieder mit Anstand verlassen

zu können?.. Barbara dachte an Clemens, denn
schickte der Graf sie nicht aus eigenem Antriebe
fort, so konnte doch nur der Schäfer helfen...

Am fünften Tage ihrer Anwesenheit ließ der
Graf Barbara anzeigen, er sei zu beschäftigt und
könne sie heute nicht sprechen; damit sie aber
keine Langeweile habe, werde ihr der Kammer=
diener die unbewohnten Gemächer des Schlosses,
auch den Ahnensaal des Hauses Rothstein öffnen,
in denen sie beliebig umherwandern dürfe...

Das war eine Nachricht, die Barbara gern
hörte, denn gerade von diesen Räumen hatte An=
drea ihr viel erzählt, und mehr als einmal wollte
sie den Grafen bitten, ihr dieselben doch zeigen
zu lassen...

Im Schlosse war es heute, weil der Graf
angeblich arbeitete, noch stiller wie sonst, und
Barbara konnte daher ihrer Neigung sich recht
ungestört hingeben. Sie spionirte in allen Zim=
mern, probirte an allen Thüren, ob nicht die
eine oder andere vielleicht sich öffnen lasse; zu
ihrem Leidwesen aber waren sie alle verschlossen...

Der Ahnensaal, ein düsterer und nicht sehr
großer Raum, würde mehr Anziehungskraft für
Barbara gehabt haben, wären die Personen, de=
ren Portraits hier neben einander hingen, ihr

nicht völlig fremd gewesen. Nur das Brustbild
Achim's und mehr noch das seiner verstorbenen
Gemahlin zogen sie an. Der Graf trug die
Uniform des Regiments, bei dem er gestanden
hatte, als die große Armee den verhängnißvollen
Feldzug nach Rußland antrat... Er mußte da=
mals ein schöner, imponirender Mann gewesen
sein, der an Frauen unbemerkt nicht vorübergehen
konnte... Auch das Bild seiner früh verstorbenen
Gattin hatte viel Liebliches und Gewinnendes,
nur waren die Züge dieser unglücklichen Frau
zu weich, wenn der Maler des Grafen dessen
Charakter auf dem Bilde richtig getroffen hatte.
Eine so weiche, zarte Frau mußte unter den ver=
sengenden Blicken dieses leidenschaftlich glühenden
Auges schnell verwelken...

Barbara schüttelte, wie sie zu thun pflegte,
wenn sie etwas nicht billigen konnte, den Kopf
und sagte:

„Wie Schwestern, gerade wie Schwestern!"

Damit verließ sie den Ahnensaal und suchte
ihr Zimmer wieder auf; mit ihren Gedanken und
den Augen ihres Geistes aber stand sie noch
immer vor den beiden Portraits, die doch einen
tiefen Eindruck auf sie gemacht hatten.

„Gerade wie Schwestern!" sprach sie noch

einmal, und wollte damit sagen, die Gräfin von
Rothstein habe in ihren Zügen mit der Mutter
Horatio's so große Aehnlichkeit, als sei sie eine
Schwester der verewigten Baronin gewesen...

Den Kopf mit der wunderlich geformten gold=
brocatenen Mütze auf die Hand gestützt, saß
Barbara lange an dem kleinen Tische, den An=
drea gewöhnlich mit Handarbeit bedeckt hatte.
Vor ihr stand eine Astrallampe mit grünem
Schirm, die genug Licht im Zimmer verbreitete,
um es so ziemlich hell erscheinen zu lassen. Ein
größerer Tisch mitten im Zimmer war gedeckt
und enthielt ein lockend aussehendes Abendbrod.
Selbst Wein hatte der aufmerksame Graf für
die Schaffnerin seines abwesenden Freundes auf=
setzen lassen, wahrscheinlich weil er der Meinung
war, sie möge an ein Glas Rebensaft in Folge
der Lebensgewohnheiten ihres Gebieters gewöhnt
sein...

Barbara ließ die Speisen unberührt. Sie
blieb regungslos sitzen und sah stier auf den
Lampenschirm. Nichts als die Augen bewegten
sich an ihr; das faltige, hagere Gesicht zuckte
eben so wenig wie die Hand, die lang ausgestreckt
auf dem kleinen, mit braunem Wachstuch über=
zogenen Tische lag.

Was trieb Barbara?... Träumte sie, oder schweiften ihre Gedanken in die Ferne?.. Versetzte sie sich noch einmal zurück in jene glücklichen Tage der Jugend, wo sie an Adam von Alteneck's Seite geschwärmt hatte; wo sie auf seine Schwüre mit klopfendem Herzen und voll seliger Hoffnungen hörte; wo sie diesen Schwüren glaubte, seine Liebkosungen feurig erwiderte und sich schon als gebietende, von Allen mit Ehrfurcht behandelte Schloßfrau auf Alteneck schalten und walten sah?.. Oder grübelte sie über die Wandelbarkeit alles Irdischen, über die Launen des Glückes und die Unzuverlässigkeit menschlicher Versprechungen nach, von denen sie selbst so grausam getäuscht, so kalt und herzlos hintergangen worden war?...

„Mein und sein Sohn!" sprach sie endlich halblaut und erhob den Kopf von dem untergestützten Arm. Das hohe, gebogene Ende ihrer Haube glitzerte wie Feuer im Schein der Lampe. „Er lebt, es ist gewiß; werd' ich ihn aber auch wiedersehen, und wird Adam ihm sein Erbtheil geben?..."

Sie stand auf, faßte die Hände zusammen und ging etwas gesenkten Hauptes mehrmals

rund um den mit Speisen besetzten Tisch, dem
sie keinerlei Aufmerksamkeit schenkte.

„Clemens hat mir versprochen,“ fuhr sie in
ihrem Selbstgespräch fort, „sein Haupt nicht eher
zur Ruhe legen zu wollen, bis Hubert von dem
Baron vor aller Welt anerkannt worden ist!...
Das sei er mir schuldig, weil er mich noch immer
liebe und mich nie verlassen werde — versicherte
er mir noch vor Kurzem, — und er werde mir
Wort halten, wie er dem Grafen ein unermüd=
licher Mahner zu sein und zu bleiben unter
freiem Himmel auf den klingenden Schneefeldern
Rußlands feierlich sich selbst gelobt habe!...“

Barbara hob den Kopf bei den letzten Wor=
ten, und ihr Blick fiel auf den gedeckten Tisch.

„Der Graf muß so böse gewesen sein, wie er
schön war, und in Rußland sind Thaten in sei=
nem Namen oder auf sein Geheiß verübt wor=
den, die noch heute das Licht des Tages zu scheuen
haben,“ fuhr sie fort, und ein garstiges Lächeln
glitt über die gealterten Züge. „Clemens weiß
darum, und deshalb muß der stolze Graf ihm
gehorchen...“

Sie nickte heftig mit dem Kopfe, so daß das
stumpfe Ende der goldbrocatenen Haube sich wie
ein lebendiges Wesen bewegte. „Und das ist gut,“

fuhr sie fort, „sehr gut!... Wer um die Schlechtigkeiten Vornehmer weiß, und doch von ihnen abhängt, dem ist ein Schwert von der Vorsehung selbst in die Hand gelegt worden, damit er sich und Andere damit gegen Willkür und Ungerechtigkeit vertheidige, und wenn es geschehen muß, es niederschmettern lasse auf die Häupter der Schuldigen!... Umgürtet mit solchem Schwert, das immer ein Geschenk vom Himmel und eine köstliche Gabe Gottes ist, lehrt man die hochmüthigsten Schelme zu Kreuze kriechen..."

Die Beschließerin von Alteneck schenkte sich ein Glas Wein ein, blinzelte mit den Augen und leerte es zur Hälfte.

„Auf Dein Wohl, ehrlicher Clemens, und auf daß Dir Alles gelinge, was Du thust an Guten und Bösen, an Unschuldigen und Schuldigen!"

Barbara trank den Rest des Weines aus und stellte das Glas wieder auf den Tisch... Außerhalb des Schlosses ließ sich ein Geräusch hören, als verursache das Wehen des Windes über ein Rohrfeld schrilles Tönen und Pfeifen. Das mußte indeß Ohrentäuschung sein, denn die Luft war klar und so still, daß sich kein Blatt bewegte...

Barbara trat ihren Rundgang um den Tisch

wieder an, dessen Speisen augenblicklich keinen
Reiz für sie hatten, und überließ sich abermals
ihren Gedanken. Vier- bis fünfmal mochte sie den
Tisch langsam umkreist haben, da hörte sie deut=
lich lachen...

Sofort blieb sie stehen, nicht erschrocken, son=
dern mit Anstrengung aller Sinne lauschend...
Ein Zug lächelnder Freude spielte um Mund
und Augen und verlieh der Alten ein merkwür=
dig durchgeistigtes Aussehen.

„Mit dem Seufzen und Stöhnen eines Asth=
matischen hat dieser Ton wenig Aehnlichkeit,"
sprach sie und riß die Augen mit dem kalten
Blicke weit auf. „Wenn das der Geist des Schlos=
ses von Rothstein wäre, dessen Schatten Andrea
ein einziges Mal gesehen zu haben behauptet,
könnte ich ja vielleicht Glück haben und auch ein
Zipfelchen seines Schleiers oder schleppenden Ge=
wandes zu Gesicht bekommen... Nur vorsichtig,
Bärbchen, vorsichtig, damit man Dich nicht wie=
der anführt!..."

Sie griff nach der Flasche und schenkte sich
ein zweites Glas Wein ein.

„Höre mich, Geist dieses Schlosses," sprach
sie mit hohler Stimme und unirdischem Funkeln
ihrer kalten Augen, „und stehe mir Rede, wenn

Du Ruhe haben willst im Grabe!... Ich bin erbötig, Geheimniß gegen Geheimniß auszutauschen!..."

Die Worte der Alten klangen wie eine Zauber= oder Beschwörungsformel... Sie leerte das Glas bis auf den Grund und trat, die Arme über der Brust gekreuzt, an's Fenster, durch dessen helle Scheiben der funkelnde Sternenhimmel einer kalten, klaren Herbstnacht hereinsah... Der genossene Wein hatte den für gewöhnlich schlaffen Zügen Barbara's mehr Spannung, ihrem ganzen Wesen mehr Elasticität gegeben... Sie sah intelligent und weit jünger wie sonst aus... Den gestirnten Himmel offenen Auges betrachtend, blieb sie ruhig stehen und lauschte... Nach wenigen Minuten schon hörte sie abermals deutlich lachen... Die Stimme klang weich und rein und schien aus der vollen Brust eines Menschen zu kommen, der sich lebhaft über etwas freut, oder der, mit einem Andern scherzend, in Lachen ausbricht...

Mit raschem Griff erfaßte Barbara die Lampe, hob sie auf, stellte sie aber sogleich wieder hin.

"Nein," sagte sie, "das geht nicht!.. Licht würde mich verrathen!..."

Andrea ging aus Furcht nie ohne Licht über

Corridore und Treppen; darum konnte sie nie etwas entdecken... Geister und Solche, die es gern werden wollen, lieben die Dunkelheit!..
„Ich bin ja vorsichtig, ich finde mich wohl zurecht.."

Sie kehrte der Lampe den Rücken, umschritt den Tisch und öffnete behutsam die Thür... Es lachte zum britten Male, aber gedämpfter, als käme der Ton aus umschlossenen Räumen; auch klang er jetzt nicht mehr heiter, sondern spöttisch, ja sogar höhnisch...

Im Schlosse blieb Alles still. Die große Dielenuhr auf dem Hauptcorridor schlug Zehn. Barbara trat aus ihrem Zimmer und lehnte die Thür nur an, damit sie an dem feinen Lichtschimmer, welcher durch den Spalt auf Fußboden und Wand des Corridors fiel, dieselbe unter den vielen ganz gleich geformten Thüren leicht wiederfinde.

Zunächst wandte sich die Beschließerin von Alteneck dem Theile des Schlosses zu, welcher unbewohnt war und dessen einzelne Gemächer sie während des Tages mit größter Aufmerksamkeit betrachtet, auch in ihrer neugierigen Weise untersucht hatte... Sie that dies nur, weil sie meinte, der zuletzt vernommene Ton sei aus dieser Richtung gekommen. Daß er sich nochmals werde hören lassen, glaubte und erwartete sie fest...

Ohne Lärm oder nur Geräusch zu machen, langte Barbara am Ende des langen Corridors an. Hier führte links eine Treppe in das Untergeschoß, die aber nie benutzt wurde. Eine verschlossene Gitterthür verhinderte deren Betreten vom Corridor.

Barbara rastete, legte ihr Gesicht an das Gitter und sah in das finstere Treppenhaus hinunter, in dem man nichts erkennen konnte... Kein Laut ließ sich vernehmen außer dem regelmäßigen monotonen Perpendikelschlag der Dielenuhr. In dem Augenblicke erst, wo Barbara wieder umkehren wollte, hörte sie das nämliche dumpfe Lachen und zwar in großer Nähe... Sie meinte, der Lacher müsse dicht hinter ihr stehen, obwohl hier die feste, dicke Steinmauer des Corridors zum Gewölbe emporstieg.

„Aber dort der Seitengang führt nach dem unbewohnten Schloßflügel," sprach Barbara, schritt zurück und bog in diesen ein. Vor der großen Flügelthür stand sie still und legte die Hand auf's Schloß... Ein Druck und die Thür gab nach... Der Kammerdiener des Grafen hatte die ausschließlich ihrer Unterhaltung wegen geöffnete Zimmerreihe zu schließen vergessen!..

Furchtlos setzte Barbara den Fuß über die Schwelle... Sie stand ja auf bekanntem Boden, was konnte ihr da Großes zustoßen?..

In den Zimmern herrschte jene feine Dämmerung, die nicht mehr volle Nacht genannt werden kann, und in der man sieht, ohne irgend einen Gegenstand in seinen Umrissen und seiner wahren Gestalt nach zu erkennen. Diese Dämmerung rührte von dem Glanz der Sterne her, welche durch die hohen Fenster hereinschimmerten...

Wieder war es still im Schlosse und außerhalb desselben... Das Knistern hinter den Tapeten, das herabfallender Kalk verursachen konnte, beachtete Barbara nicht... Sie glitt schleifenden Schrittes über das Parket und machte dadurch etwas Geräusch, um in das nächste Gemach zu gelangen, hinter welchem der Ahnensaal lag...

Das geschah, die Thür wich zurück, von den Wänden herab, in graue Dämmerung gehüllt, sahen die Ahnenbilder des Grafen von Rothstein auf Barbara...

Nun erst fröstelte die Schaffnerin, und ein Gefühl der Unbehaglichkeit, das sie indeß

schnell überwand, wollte sich in ihr fest=
setzen.

"Was da!" rief sie sich in Gedanken zu. "Bil=
der sind Bilder, und ich will mir die schöne Grä=
fin noch einmal ansehen..."

Entschlossen schritt sie den Saal entlang...
Nur einige Schritte noch war sie von der Wand
entfernt, welche die Bilder Graf Achim's und
dessen Gattin schmückten, da lachte es so laut,
daß Barbara entsetzt zusammenfuhr und mit
beiden Händen ihr Gesicht bedeckte... Ihr Schreck
währte aber nur wenige Secunden. Dem Lachen
folgte ein anderes Geräusch, das Aehnlichkeit
mit dem Rascheln auf glatten Dielen sich rei=
benden Papiers hatte... Barbara ließ die Hände
sinken, und links von ihr unter den ältesten
Ahnenbildern wich das Getäfel zurück, die ganze
Wand sammt den Bildern bewegte sich, und von
schneeigen Gewändern umflossen, im Haar einen
Kopfputz, wie Barbara noch keinen in ihrem
Leben gesehen hatte, trat eine hohe Frauengestalt
hervor, erhob beide Hände, als wolle sie beten,
verbeugte sich dann wie vor einer Person, der
sie Ehrfurcht schuldig sei, und schritt gerade auf
die Bilder zu, die auch Barbara nochmals be=
sichtigen wollte... Um an Ort und Stelle zu

gelangen, mußte sie an Barbara vorübergehen...
Dies zu vereiteln, bedurfte es nur eines beherz=
ten Entschlusses der Letzteren, und diesen Ent=
schluß faßte die Schließerin von Alteneck.

„Halt!" rief sie mit fester Stimme und
streckte den Arm aus. „Steh' mir Rede!.. Wer
bist Du?.."

Die Fremde war offenbar überrascht, doch
schien sie von der unvermutheten Anrede weder
erschreckt zu werden, noch vor der Person sich zu
fürchten, die sie an sie richtete... Ein recht herz=
lich klingendes Lachen, das aber doch etwas Un=
heimliches hatte, war die nächste Antwort.

„Wer bist Du und was suchst Du hier?"
wiederholte Barbara, da sie sah, daß sie es mit
einem leibhaften Menschen und noch dazu mit
einer Frau zu thun hatte.

Auf diese Frage blickte die Fremde mitleidig
lächelnd auf die Beschließerin, nahm ihr sehr
langes, wie Barbara jetzt erst gewahrte, aus
schwerem weißen Seidenstoff bestehendes Gewand
etwas auf und sprach, auf das Portrait des
Grafen Achim von Rothstein deutend:

„Willst Du den größten Lügner und den
schönsten Mann kennen lernen, den Europa ge=
boren hat, so sieh' das Bild dort an!.. Ich kann

es nicht aus meinem Herzen, nicht aus meinem Gedächtniß reißen, und doch hat es mich elend gemacht für immer!.. O, wehe dem Frevler, der mir Alles geraubt hat!.. Der mir Freund, Vaterland, Friede und Freude vergiftete, und von mir ging, als ihn fror und meine Kräfte erlahmten!.. Und Fluch auch über mich, daß ich Ehre und Eid vergaß, und darum zur Strafe ein Leben führen muß ohne Freude, ohne Glanz, ohne Glück, ohne Ehre, ein Leben wie die Unterirdischen, vor denen sich die Kinder fürchten und das dumme Volk, das nichts weiß und nichts lernen kann, weil es der Freiheit entbehrt!.."

Und nun warf sich das schlanke Weib, dessen Züge Barbara im grauen, flirrenden Sternenschein der Herbstnacht nicht deutlich erkennen konnte, weshalb sie auch über Jugend oder Alter der Frau kein Urtheil zu fällen vermochte, unfern der beiden Portraits auf den parkettirten Fußboden, und brach abwechselnd in herzbrechendes Jammern und Klagen, dann wieder in ein so durchdringendes Lachen aus, daß auf dem bebenden Glas der Fenster die Töne fortzitterten und das Klagen und Weinen auch im bewohnten Flügel des Schlosses vernommen werden mußte.

Barbara fühlte tiefes Mitleid mit der unglücklichen Frau, die sie ihrer reichen Kleidung wegen für eine vornehme Dame hielt und als solche fortan zu behandeln sich entschloß. Ihre Neugierde war gereizt, und sie hoffte schneller zum Ziele zu kommen, wenn sie als Dienerin aufträte und ihrer ersten barschen Anrede wegen die Fremde um Verzeihung bitte. Nur das Versunkensein der unbekannten Nachtwandlerin in ihren Schmerz hielt sie noch davon zurück...

Inzwischen hatten die Bewohner des Schlosses die ihnen nicht mehr auffällige Störung der nächtlichen Ruhe wirklich gehört, ohne sich daran zu stoßen. Man wußte ja, daß sich diese Töne häufig vernehmen ließen, bald längere bald kürzere Zeit... Sie gehörten eben mit zu Schloß Rothstein, und wurden vom Schloßgesinde, das weiter nichts darunter zu leiden hatte, der Rothstein'sche Spuk genannt...

Nicht so gleichgiltig war dem Grafen die so oft wiederkehrende nächtliche Störung. Er wußte nur zu gut, daß dies Wimmern eines gebrochenen Herzens, dies schallende Gelächter der Verzweiflung ihm galt; allein die Entstehung desselben konnte er sich nicht erklären.

Graf Achim von Rothstein war von jeher ein

rücksichtsloser Mann gewesen, dem der eigene Vortheil, der freieste Genuß des Lebens im weitesten Sinne des Wortes über Alles ging. Ausgeprägter Egoismus war der Grundzug seines Charakters. Egoismus aber verhärtet das Herz, weil er die Liebe ausschließt. Wohl verlangte er von Anderen geliebt, wenigstens zärtlich umschmeichelt zu werden, Gegenliebe aber konnte er nicht gewähren, ohne sich selbst untreu zu werden.

Gemäß dieser Grundsätze hatte der Graf gelebt, die blutigen Kriege der Kaiserzeit mitgekämpft; und durch die Greuel des Krieges noch mehr verhärtet, war er als halbinvalider Mann auf seine Herrschaft zurückgekehrt...

Ein zufriedenes Herz brachte Graf Rothstein aus seinen Feldzügen nicht mit. Er hatte zu viel Trauriges mit erlebt, und seine Hand war nicht fleckenrein. Der Fluch des Princips, nach dem er das Leben genossen, heftete sich an seine Fersen und verließ ihn auch nicht im Schlosse seiner Väter... Dieser Fluch nahm nach einiger Zeit Klang und Farbe an, und wie sehr der Graf sich auch bemühte, nicht darauf zu achten, eine unsichtbare, höhere Macht zwang ihn dazu... Sein Gewissen schlief nicht so fest, daß der nächt=

liche Mahner es nicht durch sein Gelächter oder
seine klagenden Weherufe aufgeweckt hätte...

Er hatte seinen Kammerdiener eben entlassen
und betrachtete sich, den silbernen Armleuchter
bis zur Schulter emporhebend, noch einmal im
Spiegel, was er mehr aus Gewohnheit als aus
Eitelkeit that, als sich die fatale Stimme, die
eine ganze Reihe von Nächten geschwiegen hatte,
wieder hören ließ. Ein schwerer Seufzer ent=
rang sich seiner Brust; er stellte den Arm=
leuchter mit den drei brennenden Wachskerzen
auf das Marmorgetäfel des Nachttisches, strich
sich stirnrunzelnd den fahlgrauen Schnurrbart
und murmelte durch die Zähne:

"Da ist es wieder!... Wenn nun die Alte
mit meinen Ohren hören könnte!... Aber das
ist unmöglich!... Unmöglich!..."

Er schlang die Schnüre des warmen Nacht=
rockes fester um seine Hüften und setzte sich in
den weichen Armstuhl zu Häupten des Bettes,
dessen Gardinen der Kammerdiener zurückge=
schlagen hatte. Trüben Gedanken nachhängend,
mochte er wohl fünf Minuten so gesessen haben,
als das merkwürdig laute Lachen, das er so ver=
nehmlich noch nie gehört hatte, und das jetzt ganz
so klang, als käme es aus der Brust eines leben=

den Menschen, ihn auffahren machte... Er fuhr
sich mit der Hand durch das dünne Büschel Haar,
das oberhalb der Stirn der stark um sich greifen=
den Glatze noch eine Grenze setzte, und riß die
tief liegenden Augen weit auf...

Dem Lachen folgte jetzt ein nicht weniger
lautes Klagen und Jammern...

„Kann das Einbildung sein?" fragte sich
Graf Rothstein ganz verwirrt und begann, un=
bewußt die Hände ringend, im Zimmer auf und
nieder zu gehen. „Es ist derselbe Klang, den
ich hinter mir verhallen hörte, als ich die von
Kosaken umstellte Scheune verließ, einen der
bärtigen Männer niederschoß, mich in den Sattel
des freigewordenen Thieres schwang und, als
würde ich von Geistern verfolgt, über die knirr=
schende Schneewüste davonsprengte..."

Wieder scholl das Lachen durch die gewölbten
Hallen und Gänge des Schlosses, und bleiches
Entsetzen packte den Grafen... Seiner selbst
kaum mächtig, riß er den Hirschfänger von der
Wand und entblößte den scharfgeschliffenen
Stahl... Es war dieselbe Waffe, die er vor
einigen Jahren auf die Brust des alten Schäfers
gezückt hatte... Der Name dieses Mannes fiel

ihm auch jetzt wieder ein, sowie das Wort, das er ihm in jenem Augenblicke zurief...

„Er ist ein Narr, der meine Schwächen kennt," murmelte er und ließ die Klinge im Kerzenschein funkeln... Aber es lachte wieder und lauter, und eine andere Stimme schrie jetzt entsetzt dazwischen!... Der Graf riß die Thür auf... In der Rechten den entblößten Stahl, in der Linken den Armleuchter, taumelte er hinaus auf den Corridor... Das Klagen und Lachen hörte nicht auf... Graf Rothstein erkannte die Stimme Barbara's...

„Fort! fort, und ging's in die Hölle!" rief er sich zu, und sein Gang ward zum Lauf... Er stürzte den Corridor hinunter, daß die Kerzen im Luftzuge zu kleinen gaukelnden Flämmchen zusammenschrumpften, immer dem Klange der Stimme folgend, die seine Seele gleich dem Todtenrichter zur Rechenschaft forderte... So erreichte er halb bewußtlos, mit stierem Auge, das spärliche graue Haar wirr um die hohe schmale Stirn und die fahlen Wangen hängend, die Thür des Ahnensaales, als Barbara eben in die Worte ausbrach:

„Barmherziger Gott!... In wilder Winternacht, der Willkür rachsüchtiger Feinde preisgegeben!... Wehe, wehe dem Treulosen!..."

Da ward der Saal hell, und das Licht der Kerzen fiel auf die Bilder der Herren von Rothstein... Der Graf stand, selbst ein Bild, aber ein Bild des Entsetzens, auf der Schwelle!... Der Anblick der hohen Frau im weißen Seidenkleide und mit dem seltsamen Kopfputze, dessen reicher Edelsteinschmuck im Licht der Kerzen farbig erglühte, raubten ihm die Sprache... Nur das eine Wort: „Eudoria! Eudoria!" entriß sich ein paarmal wie ein Ruf um Erbarmen seinem Munde... Dann vergingen ihm die Sinne... Armleuchter und Waffe entglitten seinen Händen, er selbst stürzte bewußtlos zu Boden...

Von dem vielen Rufen war die Dienerschaft doch aufmerksam und neugierig geworden... Sie hörte den Grafen das Schlafgemach verlassen, sie gewahrte den fliegenden Lichtschein im Corridor...

„Es muß die Alte sein, die so entsetzlich kreischt," sprach der Kammerdiener, der jetzt seiner Vergeßlichkeit eingedenk wurde und sich schon auf eine harte Strafrede seines Gebieters gefaßt machte. „Laßt uns sehen, was das Weib treibt!..."

Vor dem Ahnensaale angekommen, fanden

sie Barbara neben dem Grafen knieen... Er hatte sich im Falle die Stirn verletzt und blutete... Barbara war eifrig bemüht, das Blut zu stillen, wobei sie nicht vergaß, dem Ohnmächtigen die Schläfe zu reiben, um ihn wieder in's Leben zurückzurufen... Die hohe, bleiche Frau, deren trauriges Schicksal Barbara aus deren eigenem Munde vernommen hatte, war spurlos verschwunden... Der Ruf „Eudoxia" und der Mann, der diesen Namen nannte, hatten sie lautlos aus dem Saale verscheucht...

Ende der ersten Abtheilung.

www.ingramcontent.com/pod-product-compliance
Lightning Source LLC
Chambersburg PA
CBHW031956230426
43672CB00010B/2173